Lieb | Krieg in Nordafrika 1940–1943

Kriege der Moderne

Herausgegeben vom Zentrum für Militärgeschichte und Sozialwissenschaften der Bundeswehr

Peter Lieb

Krieg in Nordafrika 1940–1943

Reclam

Zentrum für Militärgeschichte und Sozialwissenschaften der Bundeswehr, Fachbereich Publikationen (0817–01)

2018 Philipp Reclam jun. Verlag GmbH,
Siemensstraße 32, 71254 Ditzingen
info@reclam.de
Umschlaggestaltung: Philipp Reclam jun. Verlag GmbH
Umschlagabbildung: Rue des Archives / Tallandier / SZ Photo
Druck und Bindung: Firmengruppe APPL, aprinta druck GmbH,
Senefelderstraße 3–11, 86650 Wemding
Printed in Germany 2025
RECLAM ist eine eingetragene Marke der
Philipp Reclam jun. GmbH & Co. KG, Stuttgart
ISBN 978-3-15-011161-1
reclam.de

FSC www.fsc.org MIX Papier | Fördert gute Waldnutzung FSC® C004592

Alle CO_2-Emissionen, die beim Druckprozess unvermeidbar entstanden sind, haben wir durch ein Klimaschutzprojekt ausgeglichen.

Nähere Informationen finden Sie hier:

natureOffice natureOffice.com/DE-239-2EVAPC6 | Rohstoffe Anlieferung Produktion | g CO2e pro Druckprodukt 668 | CO2e-Emissionen ausgeglichen

Inhalt

4. November 1942, später Nachmittag: Der gefangene General Wilhelm Ritter von Thoma (r.) trifft Lieutenant General Bernard Montgomery (l.) auf dessen Gefechtsstand.

1 Eine Gefangennahme: El Alamein, 4. November 1942

»Kruzifix! Da hilft alles nix mehr!«, fluchte General Wilhelm Ritter von Thoma im derbsten Bairisch. Er stand im Turm seines Panzers und sah den Feind in einer riesigen Wüstenstaubwolke immer näher heranrücken. Die Schlacht war verloren, die ganze Front in Auflösung begriffen. Deutsche wie italienische Soldaten eilten zurück nach Westen, und Thoma sollte mit den Resten seines Deutschen Afrikakorps ihren Rückzug gegen die zahlenmäßig weit überlegenen Briten decken. Lange Zeit hatten seine Panzer das Gefecht geschickt verzögert, doch nun schien es vorbei zu sein, die gegnerische Übermacht war zu groß.

Der General kletterte vom Turm in den Innenraum des Panzers, als plötzlich ein ohrenbetäubender, dumpfer Knall hereinplatzte. Ein gegnerisches Geschoss war in den Turm eingedrungen, der Panzer fing an, stark zu rauchen. Wie durch ein Wunder überlebten sowohl Thoma als auch die Besatzung. Sie sprangen sofort aus dem Gefährt und versuchten zu Fuß zu fliehen, bis irgendein deutsches Fahrzeug sie aufsammeln konnte. Doch der General spürte einen gewaltigen ziehenden Schmerz in seinem rechten Oberschenkel; er hatte sich eine Prellung zugezogen und konnte nicht mehr richtig laufen. Noch ganz benommen, rief er der restlichen Besatzung zu: »Gehts weiter hinter und sagts, dass i hier vorn bin!« Noch einmal kam sein Fahrer zu ihm zurück. »I komm glei!«, beruhigte Thoma ihn. Es waren ja nur 500 Meter bis zu den eigenen Panzerspitzen.

Plötzlich pfiff ihm rote Leuchtspurmunition um die Ohren. Einige Schüsse durchbohrten sogar seine Feldmütze, Thoma blieb aber unverletzt. Da sah er auch schon zwei britische Transportpanzer, sogenannte Bren Gun Carriers, auf sich zurollen, die zu den 10. Royal Hussars gehörten. Ein Captain gab den Befehl, das Feuer einzustellen, und sprang vom Fahrzeug herunter. Er erkannte sofort, dass er einen großen Coup gelandet und einen deutschen General gefangen genommen hatte. Der Captain konnte zunächst freilich nicht wissen, dass es sich zudem um einen besonderen General handelte. Erst seit zwei Monaten war Thoma Kommandierender General des Deutschen Afrikakorps und galt in der Wehrmacht als ausgewiesener Panzerexperte. In beiden Weltkriegen hatte er sich den Ruf eines passionierten, mutigen Soldaten erworben. Seit er 1916 den höchsten bayerischen Orden, den Militär-Max-Joseph-Orden, erhalten hatte, durfte er als Wilhelm Ritter von Thoma offiziell den Adelstitel tragen. Ungeachtet dessen blieb der hochgewachsene Mann mit dem kantigen Gesicht und den abstehenden Ohren ein echter Troupier. Eine gepflegte Ausdrucksweise war nicht unbedingt Thomas Stärke – trotz seines scharfsinnigen analytischen Geistes. Er liebte vielmehr direkte Ansagen und begab sich häufig im Schlachtengetümmel in die vordersten Reihen. Dies wurde ihm am 4. November 1942 bei El Alamein zum Verhängnis.

»General, für Sie ist der Krieg gelaufen!«, grinste ihn der britische Offizier an und stellte sich als Captain Grant Singer vor. Er nahm Thoma das Fernglas ab, erbat sich aber dessen Adresse, um es später wieder zurückgeben zu können. Anschließend bestiegen die beiden den Bren Gun Carrier. Durch Staub und Minengassen brachte der Captain seinen Gefangenen zunächst zu General Herbert Lumsden, dem Kommandierenden General des britischen X. Korps. Lumsden aß gerade eine Apfelsine und teilte sie spontan mit Thoma. »Überall einwandfreie Behandlung«, sollte der deutsche General später in seinem Tagebuch festhalten.

Kurz darauf brachte Captain Singer Thoma auf den Gefechtsstand von General Bernard »Monty« Montgomery, dem Oberbefehlshaber der 8. Armee. Ein britisches Kamerateam stand schon bereit, um diesen Moment für die Nachrichten in der Heimat festzuhalten. Ein großer militärischer Sieg und ein gefangener deutscher General in der nordafrikanischen Wüste: Das war sicher eine triumphale Meldung! Verstaubt und verdreckt schritt Thoma auf Montgomery zu und legte zum militärischen Gruß die rechte Hand an die Schläfe. Montgomery reichte Thoma die Hand und bat seinen Gefangenen, mit ihm zu dinieren. Vorher erhielt der Deutsche noch die Gelegenheit, sich zu rasieren und zu waschen. Nachdem Thoma sich in Montgomerys Gästebuch eingetragen hatte, nahmen sie gemeinsam den Aperitif und verzehrten anschließend zum Abendessen Suppe, Fleisch, Käse und Obst. Thoma, Montgomery und dessen Stab tauschten offen ihre Gedanken über die letzten Schlachten aus, meist unterstützt durch einen Dolmetscher. »Furchtbar interessant« fand Montgomery das angeregte Gespräch und urteilte über Thoma, dieser sei ein »guter Soldat und sehr anständiger Kerl«.

El Alamein: Von den 104 000 deutschen und italienischen Soldaten der Schlacht gerieten etwa 35 000 in britische Gefangenschaft, etwa drei Viertel davon waren Italiener (Bild).

Als am nächsten Morgen die deutsche Luftwaffe einen – laut Thoma – »lächerlichen schwachen Bombenangriff« gegen Montgomerys Gefechtsstand flog, bemerkte Letzterer mit typisch britischer Ironie, Thoma sei hoffentlich nicht zu sehr durch den Bombenlärm gestört worden. Anschließend verabschiedete sich Montgomery allerdings, schließlich müsse er zur Arbeit und den geschlagenen Feind verfolgen. Thoma hingegen wurde als Kriegsgefangener zunächst nach Kairo und anschließend in das Offiziersgefangenenlager Trent Park in England gebracht, in dem er bis zum Kriegsende bleiben sollte.

Thoma war sich sehr wohl bewusst, dass er nicht in einer gewöhnlichen Schlacht gefangen genommen worden war. »Das war die größte Panzerschlacht, die ich erlebt habe«, betonte er in Gefangenschaft. In der Tat war El Alamein eine Materialschlacht par excellence. Gewiss, die Wehrmacht hatte sich sehr früh in diesem Krieg daran gewöhnt, häufig in Unterzahl zu kämpfen – gerade in Nordafrika. Doch noch nie hatte sie einem materiell so hochgerüsteten Gegner in einer Schlacht gegenübergestanden, einem Gegner, der noch dazu die Initiative nun fest in der Hand hielt. All das machte auf Thoma einen starken Eindruck, und er fühlte sich in seinem Urteil über die deutsche Regierung sowie die bisherige Kriegführung bestätigt. Der General hatte bereits in den Jahren zuvor den Nationalsozialismus kritisch gesehen, doch in Kriegsgefangenschaft wurde er zu einem der schärfsten Kritiker Adolf Hitlers und dessen Regimes. In einem von den Briten abgehörten Gespräch meinte er zu Offizierskameraden im Januar 1943:

> Die Staatsphilosophie der Achsenmächte basiert auf einer prinzipiellen Verachtung des einzelnen Menschen, der Freiheit und aufrechter Gesinnungsbekundung. Wenn wir je uns diese Philosophie zu Eigen machten, würde unser Sieg zu einer Niederlage für die ganze Menschheit werden. [...] Ich kann nicht prophezeien, wann der Krieg beendet sein wird, aber eines kann ich sagen: Das Jahr 1943 wird uns ein tüchtiges Stück weiterbringen auf dem Weg nach Berlin, Rom und Tokio.

Ein derartig hohes Niveau an kritischer Selbstreflexion war in der Wehrmachtgeneralität selbst in der Gefangenschaft nicht häufig anzutreffen. Thoma hingegen merkte, dass er bei einer entscheidenden

Schlacht auf dem Weg in den Niedergang in Gefangenschaft geraten war.

Die Umstände von Thomas Gefangennahme und sein Empfang bei Montgomery verdeutlichen noch eine andere Facette dieser Schlacht, ja sogar des gesamten Kriegs in Nordafrika: Der alte militärische Ehren-

Abgeschossen – El Alamein, Aquarell von Adelhelm Dietzel (1943), einem Teilnehmer der Schlacht. Wie bei vielen Zeitzeugen hinterließ die Niederlage einen nachhaltigen Eindruck.

kodex, der den Umgang zwischen den Kriegsgegnern prägte, schien in der nordafrikanischen Wüste noch intakt zu sein. Die dortige Auseinandersetzung war kein rassenideologischer, fanatisierter und hasserfüllter Krieg wie an der Ostfront. »Ein großzügiger Sieger«, urteilte daher das britische Fernsehen über Montgomerys Treffen mit dem deutschen General. Dieses Bild des »ritterlichen« Wüstenkriegs wirkt bis heute nach.

Doch war dem wirklich so? Diese Frage stellt sich auch für die zahlreichen anderen Mythen dieses Kriegsschauplatzes: den »Wüstenfuchs« Generalfeldmarschall Erwin Rommel, die britischen »Desert Rats«, den »genialen« Feldherrn Montgomery, die »unfähigen« Italiener und die »schneidigen« Panzerschlachten, um nur einige Stichworte zu nennen. Diese Bilder und Erzählungen haben sich bis heute ins nationale Bewusstsein der damaligen Kriegsparteien eingegraben, nämlich der Deutschen und Italiener auf der einen Seite, der Briten, Australier, Neuseeländer, Franzosen, Südafrikaner, Griechen, Polen sowie später auch der US-Amerikaner auf der anderen. Was hat es mit diesen Mythen auf sich? Wie sah die Realität des Krieges in Nordafrika aus? Es ist Zeit, all diese Stereotype und Bilder des Wüstenkriegs einer kritischen Überprüfung zu unterziehen. Dabei ist aber auch eine Analyse der militärischen wie politischen Gründe für den Sieg der Alliierten und die Niederlage der sogenannten Achsenmächte vonnöten. Moderne und klassische Militärgeschichte sollen also in diesem Buch eine fruchtbare Symbiose eingehen.

Sicher ist schon vorab: Wie jeder Krieg bedeutete auch der Krieg in Nordafrika Tod, Leid und Zerstörung. Symptomatisch hierfür mag das Schicksal von Captain Singer sein, jenes Offiziers also, der am 4. November 1942 General Thoma gefangen genommen und zu Montgomery gebracht hatte. Er fiel nur einen Tag später in ebenjener Schlacht von El Alamein.

↗ Rom, 10. Juni 1940: Benito Mussolini verkündet vom Balkon des Palazzo Venezia den Kriegszustand mit Frankreich und Großbritannien.

2 Warum Nordafrika? Die politischen und strategischen Grundlagen

Am Anfang war Mussolini. Denn ohne den ambitionierten italienischen Diktator wäre Nordafrika möglicherweise gar kein Kriegsschauplatz geworden. So begann am 9. September 1940 die italienische 10. Armee von der Kolonie Libyen (*Libia Italiana*) aus eine Großoffensive gegen die britischen Truppen, die im eigentlich souveränen Königreich Ägypten stationiert waren. Auf den gewünschten militärischen Erfolg wartete der »Duce« Benito Mussolini aber vergebens. Stattdessen erlebte sein Heer bald eine verheerende Niederlage, sodass sich sein Verbündeter Hitler gezwungen sah, den Italienern beizuspringen und deutsche Truppen unter dem Befehl von Generalleutnant Erwin Rommel nach Tripolis zu schicken. Es folgten fast zwei Jahre, in denen die Kontrahenten in Nordafrika mit wechselndem Schlachtenglück gegeneinander kämpften. Erst im November 1942 gelang es der britischen 8. Armee unter Lieutenant General Bernard Montgomery, bei El Alamein die entscheidende Wende herbeizuführen. Es folgte ein langer Rückzug der deutsch-italienischen Truppen, die schließlich am 13. Mai 1943 in Tunis kapitulierten. Der Krieg in Nordafrika war damit beendet, wohingegen der Zweite Weltkrieg noch zwei Jahre andauern würde. So weit die Kurzfassung des Wüstenkriegs.

Doch wie kam es überhaupt zu diesem Krieg in Nordafrika? Welche Strategien verfolgten die kriegführenden Mächte auf diesem Schauplatz? Zentral für das Verständnis sind zunächst die Politik und die Ideologie des faschistischen Italiens. Bereits vor dem italienischen Kriegseintritt im Juni 1940 war es Mussolinis erklärtes Ziel gewesen, Italien als Großmacht fest im internationalen Machtgefüge zu etablieren. Die bisherigen italienischen Besitzungen in Libyen, Albanien und dem griechischen Dodekanes sollten beträchtlich erweitert werden. Außerdem sollte der afrikanische Kolonialbesitz um Tunesien vergrößert werden. Zudem strebte der »Duce« eine Verbindung der *Libia Italiana* durch eine Landbrücke über den Tschad und den Sudan mit den ostafrikanischen Besitzungen in Abessinien (Äthiopien), Eritrea und Teilen des heutigen Somalias (*Africa Orientale Italiana*) an. So wollte Mussolini die unangefochtene Vorherrschaft auf dem südlichen Balkan, im Mittelmeer und in Nordostafrika gewinnen. Derartig weitreichende Ambitionen mussten zwangsläufig zu Konflikten mit den einstigen italienischen Verbündeten aus dem Ersten Weltkrieg führen: Frankreich und Großbritannien. Frankreich verstand sich selbst als Mittelmeermacht, und Großbritannien wollte seine Seewege nach Indien über Gibraltar, Malta und den Suezkanal schützen. Eine starke fremde Kolonialmacht konnte es in Nordostafrika daher nicht dulden.

Frankreich und Großbritannien waren auch die Feinde des Deutschen Reichs. Folglich näherten sich der »Führer« und der »Duce« einander an, nicht nur aus ideologischen, sondern auch aus machtpolitischen Erwägungen heraus. Schon in *Mein Kampf* (1925/1926) hatte Hitler Italien als natürlichen Verbündeten des Deutschen Reichs ins Auge gefasst. Die Ansprüche beider Staaten auf territoriale Einflusszonen schienen sich nahezu perfekt zu ergänzen, denn das Deutsche Reich plante, nach der Schwächung von Großbritannien und Frankreich eine Kontinentalmacht in Mittel- und Osteuropa zu werden. Italien dagegen wünschte sich eine Art Wiedergeburt des Römischen Reichs mit dem Mittelmeer als *Mare Nostrum* und darüber hinaus ein Kolonialreich in Nordostafrika.

Ein erster Schritt war die brutale Eroberung Abessiniens durch italienische Truppen 1935/36; im Spanischen Bürgerkrieg (1936–1939) unterstützten Italien und das Deutsche Reich gemeinsam den nationalistischen General Francisco Franco. Einzig auf dem Balkan schienen deutsche und italienische Interessen unvereinbar miteinander. Hinzu kam die »Südtirol-Frage«, doch Hitler war das Schicksal der etwa 200 000 deutschsprachigen Südtiroler gleichgültig. Viel mehr lag ihm an einer festen Allianz mit Italien, auf politischem, wirtschaftlichem, kulturellem und militärischem Gebiet. Am 25. Oktober 1936 schlossen Hitler

Italienische Kolonialarchitektur trifft auf islamische Bauten. Das Municipio (Rathaus) und die Moschee von Bengasi, aufgenommen von einem deutschen Soldaten des Afrikakorps.

und Mussolini daher einen Freundschaftsvertrag. Um die neu entstandene »Achse Berlin–Rom« sollte sich ihrer Meinung nach zukünftig die europäische Politik drehen. Kurz vor Kriegsbeginn, am 22. Mai 1939, schmiedeten die »Achsenmächte« gar einen »Stahlpakt«, in dem sie einander uneingeschränkte militärische Hilfe zusagten, selbst im Falle eines Angriffskriegs. »Reinstes Dynamit« nannte der italienische Außenminister Galeazzo Ciano diesen Vertrag, der am 27. September 1940 sogar zum »Dreimächtepakt« mit dem Kaiserreich Japan erweitert wurde.

Mussolinis Strategie ist häufig als sprunghaft und realitätsfern beschrieben worden. In der Tat waren Wege und Mittel seinen Zielen unangemessen, zwischen Anspruch und Wirklichkeit klafften oft Welten. Allerdings trifft dieses Urteil nicht auf den Kriegsbeginn 1939 zu, denn damals zögerte der »Duce«. Am Abend des 26. August 1939, also sechs Tage vor Hitlers Entfesselung des Zweiten Weltkriegs, teilte er dem Verbündeten mit, sein Land könne nicht am kommenden Krieg teilnehmen. Als die deutsche Wehrmacht am 1. September 1939 Polen überfiel und zwei Tage später Großbritannien sowie Frankreich dem Deutschen Reich den Krieg erklärten, verkündete Mussolini offiziell die *non belligeranza*. Italien blieb damit – wie schon im Ersten Weltkrieg – erst einmal neutral. Der »Duce« hatte sehr richtig erkannt, dass seine Streitkräfte für einen Krieg noch nicht bereit waren und Großbritannien mit seiner Flotte jederzeit die lebenswichtige Kohleversorgung des Landes abwürgen konnte.

Es waren die überraschenden deutschen »Blitzsiege« in Polen, Skandinavien und vor allem im Westen Europas, die den »Duce« dann doch alarmierten. Denn Anfang Juni 1940 schien es so, als würde Hitler den Krieg gewinnen und das neutrale Italien am Ende ohne jede Beute dastehen. Mussolini verfiel nun in einen rast- und orientierungslosen Aktionismus. Unabhängig vom Deutschen Reich wollte er »Parallelkriege« führen, ganz im Stile der »Blitzkriege« seines Vorbilds Hitler. Gegen die Argumente seiner Militärs erklärte Mussolini am 10. Juni 1940 Frankreich und Großbritannien den Krieg. Wie Hitler inszenierte er sich fortan als Feldherr, nachdem ihn König Victor Emmanuel III. zum Oberbefehlshaber aller italienischen Truppen an der Front ernannt hatte. Der 68-jährige Marschall Pietro Badoglio und sein Generalstab durften fortan ohne Mussolinis Beteiligung keine militärischen Operationen mehr planen. Erst unter dem Eindruck der fatalen Niederlagen 1940/41

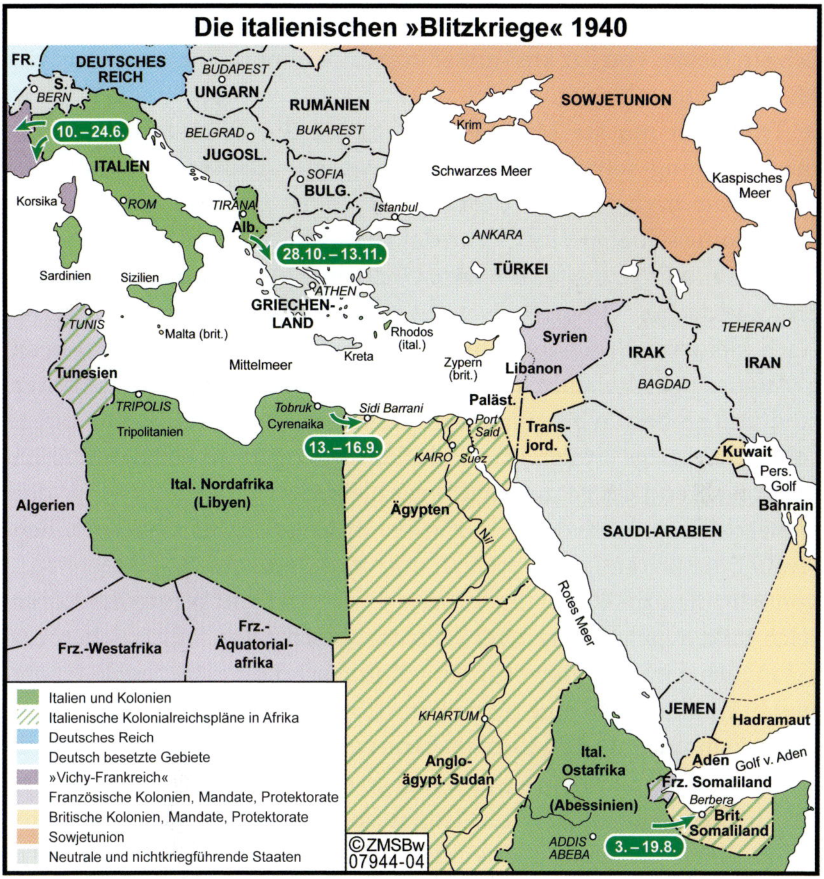

sollte der Generalstab unter Badoglios Nachfolger, Ugo Cavallero, wieder seine Autonomie zurückgewinnen.

Am Tag ihres Kriegseintritts griff die italienische Armee die befestigten französischen Stellungen in den Alpen an, in der Hoffnung, den durch die Wehrmacht bereits geschlagenen Gegner schnell besiegen zu können. Doch der Feldzug verlief überhaupt nicht nach Plan, die italienischen Angriffe kamen in dem schwierigen Gelände praktisch sofort zum Erliegen. Sehr zu seinem Ärger konnte Mussolini aus der französischen Niederlage gegen das Deutsche Reich keinen militärischen Nutzen ziehen. Entsprechend enttäuschend fielen auch die politischen Früchte des Waffenstillstands zwischen Frankreich und Italien vom

24. Juni 1940 aus: Anstatt ganz Savoyen und Nizza wurde Italien lediglich ein Gebiet von 832 km² mit 28 500 Einwohnern, inklusive der Stadt Menton, zugeschlagen.

Trotzdem musste Mussolini irgendwie die vermeintliche Großmachtstellung seines Imperiums beweisen. Also eröffnete er hektisch seine nächsten »Blitzfeldzüge«, diesmal gegen Großbritannien. Das Timing schien perfekt, denn das Land kämpfte damals in der »Luftschlacht um England« ums nackte Überleben. Ausgangspunkt der neuen italienischen Offensive war das eigene Kolonialreich in Ostafrika. Nach kleineren Streifzügen im Sudan und in Kenia überschritten am 3. August 1940 italienische Einheiten die Grenze zu Britisch-Somaliland und eroberten bis zum 19. August die kleine britische Kolonie. Es sollte der einzige erfolgreiche und allein durchgeführte Feldzug der Italiener während des gesamten Krieges bleiben.

Beschwingt durch den Erfolg in Ostafrika, griff Mussolini am 9. September die Briten in Ägypten an und attackierte am 28. Oktober 1940 von Albanien aus das neutrale Griechenland. Damit führte das Königreich Italien gleichzeitig zwei Feldzüge. Doch seine militärischen Unzulänglichkeiten zeigten sich schnell und schonungslos; beide Operationen mündeten in eine totale Katastrophe. Auf dem Balkan mussten die beiden italienischen Korps bereits nach wenigen Tagen ihre Offensive einstellen, nachdem sie maximal 50 Kilometer auf griechisches Territorium vorgedrungen waren. Gewiss mussten die Italiener anspruchsvolles Gebirgsgelände überwinden, ihren Nachschub über die Adria heranführen und mit dem schlechten Herbstwetter kämpfen. Doch beeindruckend war dieser Feldzug auf griechisches Gebiet trotzdem nicht. Schlimmer noch: Am 14. November startete die Gegenoffensive der griechischen Armee – einer Armee, die als höchstens zweitklassig galt. Und ebenjene griechische Armee drängte nicht nur die italienischen Invasoren wieder über die Grenze zurück, sondern besetzte gar ein Drittel des italienischen Albaniens.

Für Mussolini blieb das nicht die einzige Demütigung, denn auch in Nordafrika spitzte sich die Lage dramatisch zu. Zwar waren die italienischen Verbände anfangs 100 Kilometer weit bis Sidi Barrani vorgestoßen, doch trotz ihrer zahlenmäßigen Überlegenheit gelangen ihnen keine weiteren Erfolge. Im Gegenteil: Am 10./11. Dezember 1940 überrannte der britische Gegner die italienischen Stellungen, um anschlie-

Deutsche Panzer III passieren den Arco dei Fileni. Der 1973 zerstörte Triumphbogen war ein dominantes architektonisches Symbol für die italienische Kolonialherrschaft.

ßend weit nach *Libia Italiana* einzudringen. Mussolini hatte seiner Armee mit den vielen Feldzügen zu viel zugemutet, seine »Parallelkriege« waren in kürzester Zeit grandios gescheitert.

Der Offenbarungseid folgte am 19. Dezember 1940: Der italienische Generalstab bat über den deutschen Militärattaché in Rom um die Entsendung einer deutschen Panzerdivision nach Nordafrika. Das entbehrte nicht der Ironie. Nur gut zwei Monate vorher, am 4. Oktober 1940, hatte Hitler von sich aus bei einem Treffen mit Mussolini die Entsendung eines Panzerkorps angeboten. Doch der italienische Generalstab hatte damals deutlich zu verstehen gegeben, dass er auf deutsche Hilfeleistungen keinen Wert lege. Nun aber, im Dezember 1940, hatte sich die Lage geändert.

Für Hitler kam der italienische Hilferuf äußerst ungelegen, denn nur einen Tag zuvor hatte er seine Weisung Nr. 21 »Barbarossa« zur Vorbereitung eines Angriffs gegen die Sowjetunion erlassen. Von einem

Hitler und Franco treffen sich am 23. Oktober 1940 in Hendaye an der spanisch-französischen Grenze. Der spanische Diktator verweigerte sich einem Bündnis mit dem Deutschen Reich.

deutschen Engagement in Nordafrika hatte er ohnehin stets wenig gehalten. Nur kurz, im Oktober 1940, hatte das Mittelmeer sein strategisches Interesse geweckt, da er dort die gesamte britische Stellung zu vernichten hoffte. Ein erster Schritt sollte die Eroberung von Gibraltar sein, doch gab er diesen Plan schnell wieder auf, als er bei persönlichen Gesprächen weder mit dem spanischen Diktator Franco noch mit dem Staatschef von Vichy-Frankreich, Marschall Philippe Pétain, eine Einigung erzielen konnte. Spanien war noch vom Bürgerkrieg (1936–1939) wirtschaftlich wie innenpolitisch geschwächt; Franco wollte nicht den Fehler Mussolinis wiederholen und überhastet in einen Krieg eintreten. Auch das autoritäre Vichy-Frankreich wollte nicht die Waffen gegen den ehemaligen britischen Verbündeten erheben, obwohl die Royal Navy in der »Operation Catapult« am 3. Juli 1940 bei Mers-el-Kébir an der algerischen Küste große Teile der französischen Mittelmeerflotte versenkt und dabei knapp 1300 französische Soldaten getötet hatte – ganz ohne Kriegserklärung.

Statt einer Eroberung des Mittelmeers verfolgte Hitler inzwischen ganz andere Pläne. Ohne zuvor Großbritannien besiegt zu haben, begann er Ende Juli 1940, einen »Blitzfeldzug« gegen die Sowjetunion zu erwägen. Dafür sprachen aus seiner Sicht strategische Gründe, doch viel mehr noch ideologische. Seit den 1920er Jahren waren die Eroberung von »Lebensraum« im Osten und die Vernichtung des Bolschewismus zwei Kernkomponenten seiner nationalsozialistischen Ideologie. Die Zukunft Deutschlands lag für Hitler im Osten, ein Kolonialreich in Afrika war für ihn keine Alternative. Das hatte er schon in *Mein Kampf* mehrmals betont. Im September 1942 bekräftigte der Diktator rückschauend noch einmal: »Was wir an Kolonien bekommen in der ganzen Welt, den Osten wiegt es nicht auf!« Erst nach einem schnellen Sieg über die Sowjetunion glaubte Hitler, sich wieder Großbritannien und auch den USA zuwenden zu können. In seiner Vorstellung sollte daraus die letzte große Schlacht um die Weltherrschaft werden.

Nicht alle Spitzenmilitärs der Wehrmacht teilten Hitlers strategische Präferenz für den Osten; manche sahen in Nordafrika und dem Mittelmeer eine echte Alternative. Die Generäle Alfred Jodl und Walter Warlimont im Wehrmachtführungsstab glaubten etwa, ein dortiger entscheidender Schlag könne den britischen Widerstandwillen brechen und die Regierung »gefügig« machen. Damit hätte sich das Deutsche

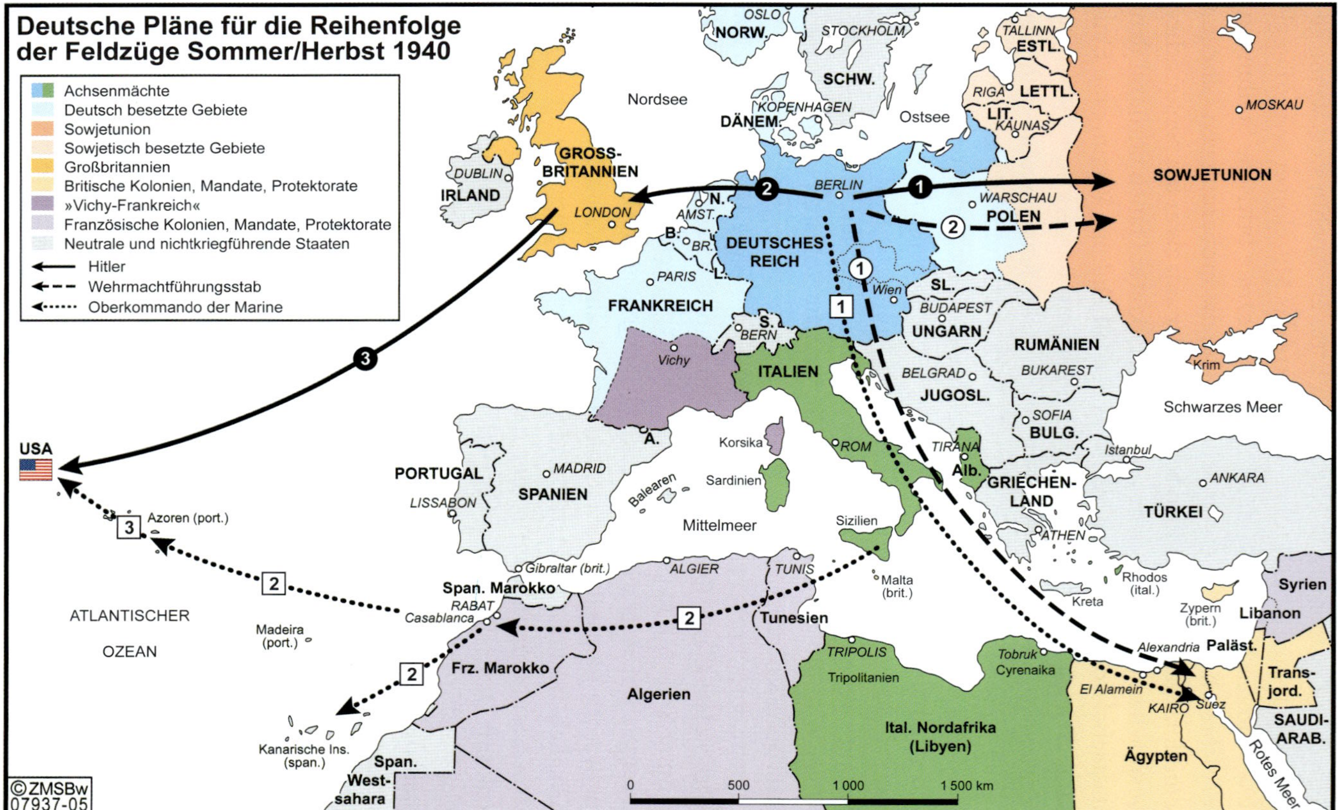
Deutsche Pläne für die Reihenfolge der Feldzüge Sommer/Herbst 1940
Achsenmächte
Deutsch besetzte Gebiete
Sowjetunion
Sowjetisch besetzte Gebiete
Großbritannien
Britische Kolonien, Mandate, Protektorate
»Vichy-Frankreich«
Französische Kolonien, Mandate, Protektorate
Neutrale und nichtkriegführende Staaten
Hitler
Wehrmachtführungsstab
Oberkommando der Marine
NORW.
OSLO
STOCKHOLM
SCHW.
TALLINN
ESTL.
RIGA
LETTL.
LIT.
KAUNAS
MOSKAU
SOWJETUNION
Nordsee
KOPENHAGEN
DÄNEM.
Ostsee
GROSS-BRITANNIEN
DUBLIN
IRLAND
LONDON
N.
AMST.
B.
BR.
L.
BERLIN
DEUTSCHES REICH
WARSCHAU
POLEN
Wien
SL.
BUDAPEST
UNGARN
PARIS
FRANKREICH
S.
BERN
Vichy
ITALIEN
RUMÄNIEN
BUKAREST
BELGRAD
JUGOSL.
Krim
Schwarzes Meer
SOFIA
BULG.
USA
PORTUGAL
MADRID
SPANIEN
LISSABON
A.
Korsika
Sardinien
Balearen
ROM
TIRANA
Alb.
GRIECHEN-LAND
Istanbul
ANKARA
TÜRKEI
Azoren (port.)
Mittelmeer
Sizilien
ATHEN
Gibraltar (brit.)
ALGIER
TUNIS
Malta (brit.)
Rhodos (ital.)
Kreta
Zypern (brit.)
Syrien
Libanon
Span. Marokko
RABAT
Casablanca
ATLANTISCHER OZEAN
Madeira (port.)
Tunesien
TRIPOLIS
Tripolitanien
Tobruk
Cyrenaika
Alexandria
Paläst.
Trans-jord.
El Alamein
KAIRO
Suez
Frz. Marokko
Algerien
Ital. Nordafrika (Libyen)
Ägypten
SAUDI-ARAB.
Rotes Meer
Kanarische Ins. (span.)
Span. West-sahara
0
500
1 000
1 500 km
©ZMSBw 07937-05

Reich Rückenfreiheit vor seinem entscheidenden Angriff auf die Sowjetunion verschaffen können. Noch weiter gingen die Ideen der traditionell Großbritannien feindlich gesinnten Kriegsmarine. In der zweiten Hälfte des Jahres 1940 drängte vor allem ihr Oberbefehlshaber, Großadmiral Erich Raeder, mehrmals bei Hitler auf ein massives Engagement im Mittelmeer. So wollte Raeder Großbritannien an der Peripherie Europas schlagen. Wie er in einer Denkschrift vom 6. Juli 1940 darlegte, würden Großbritannien und die USA in absehbarer Zeit ein förmliches Bündnis schließen. Als Seemächte würden sie damit »zu den zunächst zu berücksichtigenden natürlichen Gegnern Deutschlands« werden. Deshalb müsse das Deutsche Reich das Mittelmeer einnehmen und sich anschließend ganz Nordwestafrika, die Kanaren und die Azoren sichern. Die dortigen Marinebasen wären, fand Raeder, eine optimale Ausgangsbasis für einen Krieg im Atlantik.

Hitler konnte all diesen Gedankenspielen nichts abgewinnen, er blieb auf einen Krieg gegen die Sowjetunion fixiert. Dennoch musste er nun widerwillig auf die verzweifelte italienische Lage im Mittelmeer reagieren, um den Verbündeten vor dem Kollaps zu retten. Folglich gab er am 11. Januar 1941 die Weisung Nr. 22 für die Kriegführung im Mittelmeerraum heraus. Darin hieß es, die dortige Lage erfordere »aus strategischen, politischen und psychologischen Gründen deutsche Hilfeleistungen«. Unter anderem sollte in Afrika ein »Sperrverband« aufgestellt werden, der Nukleus des späteren Deutschen Afrikakorps unter Generalleutnant Rommel.

Die Weisung Nr. 22 hatte eine defensive strategische Ausrichtung und war eine reine Unterstützungsmaßnahme für den italienischen Verbündeten. In den kommenden Monaten und Jahren sollte sich an diesem strategischen Konzept im Grunde nichts ändern. An Afrika hatte der deutsche Diktator weiterhin kein nennenswertes Interesse. Das Mittelmeer war für ihn höchstens ein südlicher Flankenschutz für das »Unternehmen Barbarossa«, wie der Balkanfeldzug im Frühjahr 1941 zeigte. Entsprechend gering blieb das deutsche militärische Engagement in Nordafrika, vor allem im Vergleich mit den deutschen Kräften, die auf dem sowjetischen Kriegsschauplatz kämpften. Nur im Sommer 1942 schien Hitler kurzzeitig von Rommels Siegen und den sich daraus ergebenden Möglichkeiten beeindruckt. Doch erst die Niederlage bei El Alamein sowie die alliierten Landungen in Marokko und Algerien am

Das Flaggschiff der britischen Pazifikflotte, die HMS Howe, passiert die Lebensader des Empires: den Suezkanal (Aufnahme: Juli 1944).

8. November 1942 (Operation Torch) sorgten dafür, dass Hitler die Tragweite der nordafrikanischen Kampfhandlungen erkannte. In aller Eile wurden Verstärkungen nach Tunesien gebracht – natürlich viel zu spät, um noch eine Wende erzielen zu können.

Nicht nur in Hitlers Strategie war Nordafrika ein Nebenkriegsschauplatz. Nicht einmal Mussolini maß nach den Niederlagen 1940/41 seiner *Libia Italiana* die Bedeutung zu, die man eigentlich hätte erwarten müssen. Schließlich ging es dort um ureigene italienische Interessen. 1939 lebten etwa 110 000 italienische Siedler in Libyen, was immerhin 13 Prozent der damaligen Gesamtbevölkerung des Landes entsprach. Doch Mussolini schickte das Gros seiner Armee lieber in die italienisch besetzten Gebiete auf dem Balkan zur Aufstandsbekämpfung oder sandte gar Teile seiner besten Truppen nach Russland. Überflüssig zu erwähnen, dass Mussolinis Dreifachstrategie (Sowjetunion, Balkan, Nordafrika) ein nur halb industrialisiertes Land wie Italien militärisch und wirtschaftlich weit überforderte.

Im Gegensatz zu den Achsenmächten legten die Briten eindeutig ihren Fokus auf den Mittelmeerraum, denn er war mit dem Suezkanal und den drei Basen Gibraltar, Malta und Zypern ihre Verbindung zur Kronkolonie Indien und dem Empire. 1940 boten die Ausgangsbedingungen allerdings alles andere als ein zufriedenstellendes Bild. Großbritannien mochte zwar die »Luftschlacht um England« gewonnen haben und weiterhin über ein Weltreich mit riesigen Ressourcen verfügen, doch es hatte seine eigenen Machtmittel überdehnt. Die Air Force, vor allem aber die Army und die Navy waren über den Globus verteilt und sahen sich in die Defensive gedrängt. Es war ihnen unmöglich, ihre Kräfte zu einem großen Schlag gegen das Deutsche Reich zu bündeln. Großbritannien musste also versuchen, den Krieg in die Länge zu ziehen, bis sich seine wirtschaftliche Überlegenheit entfalten konnte und bis die USA in den Krieg eintreten würden. Immerhin stand das Land nie wirklich alleine gegen Hitler, sondern konnte auf sein Empire und die treuen Commonwealth-Staaten Kanada, Australien, Neuseeland und Südafrika zählen.

Die Möglichkeiten, das Deutsche Reich anzugreifen, waren indes sehr beschränkt. Die bereits im Herbst 1939 errichtete Seeblockade hatte sich als unwirksam erwiesen, die Entfachung von Aufständen in den deutsch besetzten Gebieten blieb ein »Schuss in den Ofen«, und für eine effektive Bomberoffensive gegen das Deutsche Reich fehlten vorerst die Mittel. Nur an der Peripherie Europas bot sich für Großbritannien die einzig echte Chance einer Offensive. Das östliche Mittelmeer sollte dabei die Schlüsselrolle spielen – auch wenn damit der direkte Gegner eher Italien und weniger das Deutsche Reich war.

Mit dem italienischen Kriegseintritt sowie der französischen Niederlage im Juni 1940 war im Mittelmeer aber für die Briten das schlimmstmögliche Szenario eingetreten. Obgleich Malta weiterhin in britischer Hand war, schienen nun die italienische Marine (*Regia Marina*) die See und die italienische Luftwaffe (*Regia Aeronautica*) den Luftraum zu dominieren. Die Handelsschifffahrt zwischen dem britischen Mutterland und Indien über das Mittelmeer und den Suezkanal war damit unterbrochen, eine wichtige Lebensader Großbritanniens durchtrennt. Immerhin konnte es seine Vorherrschaft im Nahen Osten erhalten, allem voran den Zugriff auf die Ölgebiete im heutigen Irak und Iran. Da das Öl für die Royal Navy und die Army unverzichtbar war, definierten die Briten den gesamten östlichen Mittelmeerraum mit Ägypten, Zypern und dem Balkan als strategisches Vorfeld des Nahen Ostens.

Um die Kriegführung in dieser Region zu vereinheitlichen, hatte Großbritannien noch vor Kriegsausbruch einen gemeinsamen militärischen Oberbefehl für den gesamten Nahen Osten geschaffen. Dieser Middle East Command koordinierte auch die Operationen von Army, Air Force und Navy. Die im heutigen militärischen Verständnis zentrale Forderung einer engen Zusammenarbeit aller drei Teilstreitkräfte erfüllten die Briten folglich schon sehr früh. Im Gegensatz zu Mussolinis unkoordinierten »Parallelkriegen« im Mittelmeer und Afrika konnten die Briten mit dem Middle East Command von Anfang an eine zusammenhängende Operationsführung sicherstellen. Strategische Fehlentscheidungen waren freilich nicht ausgeschlossen.

Zunächst galt es, ein italienisches Vordringen in Nordafrika oder gar in den Nahen Osten zu verhindern. Ägypten kristallisierte sich dabei rasch als operativ entscheidendes Gebiet heraus, zumal sich das Land aufgrund seiner geografischen Lage bestens eignete, um Verstärkung aus dem Commonwealth hinzuzuholen: aus Indien, Südafrika, Australien und Neuseeland. Doch zu Beginn der Kämpfe waren die verfügbaren Kräfte noch eindeutig unterlegen: Im Spätsommer 1940 standen in Nordafrika 36 000 Commonwealth-Soldaten 140 000 Italienern gegenüber. In Ostafrika konnte das Empire gegen 130 000 Italiener anfangs sogar nur 17 500 Mann aufbieten. Allerdings verzerren die Zahlen die Realität ein wenig, denn ein großer Teil der italienischen Soldaten waren schlecht bewaffnete einheimische Hilfstruppen, die lediglich die Kolonien sichern sollten.

Auch wenn die Briten ihre personelle Unterlegenheit schnell beheben konnten, führte sie ihre Strategie in Nordafrika in ein Dilemma. Denn selbst ein klarer Sieg dort würde den Hauptfeind Deutschland nicht entscheidend treffen, sondern lediglich dessen Juniorpartner Italien. In Nordafrika ließ sich also gar keine Kriegsentscheidung herbeiführen, doch bot allein dieser Kriegsschauplatz den Briten die Option, zwischen 1940 und 1942 überhaupt irgendwo die strategische Initiative zu ergreifen. Sowohl der britische Premierminister Winston Churchill als auch seine Militärs waren seit 1940 fest überzeugt: Ein Sieg in Nordafrika war ein kleiner, aber wichtiger Schritt, um später das Deutsche Reich niederzuringen. Der Chief of the Imperial General Staff, General Alan

Italienisches Kolonialreich, Britisches Empire und der britische Nachschub nach Ägypten

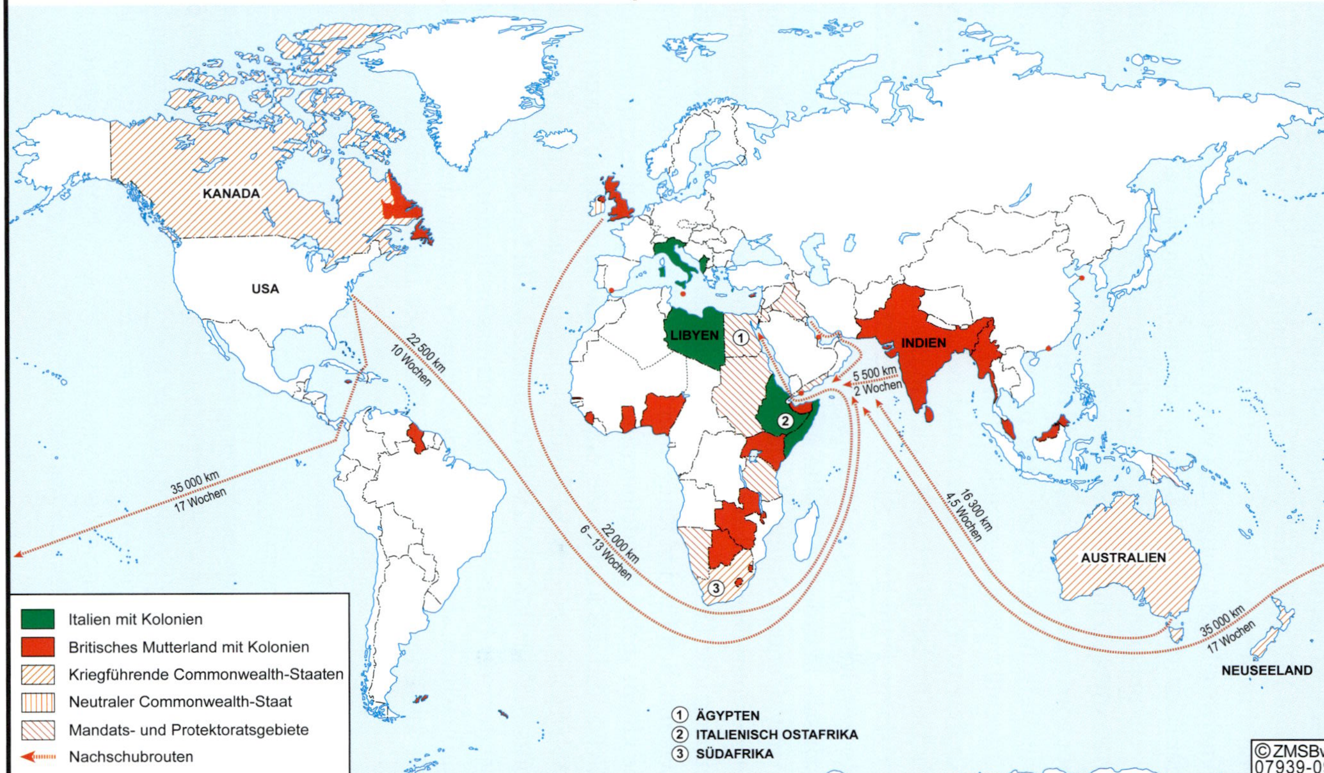

Brooke, schrieb im Dezember: »Ich bin überzeugt, dass unsere Politik in diesem Krieg auf eine schnelle Eroberung von Nordafrika zielen sollte. Anschließend können wir das Mittelmeer wieder öffnen und zur Offensive in Italien vorgehen.« Wie die Ereignisse zeigen sollten, brauchte der Feldzug seine Zeit, doch im Kern sollte Brooke recht behalten.

Ab 1942 hatten auch die Amerikaner ein Wort bezüglich der Mittelmeerstrategie mitzureden. Nach dem japanischen Angriff auf Pearl Harbor vom 7. Dezember 1941 und Hitlers Kriegserklärung vier Tage später mussten die USA rasch eine passende strategische Antwort finden. Churchill nutzte diese unklare Lage geschickt aus, als er in der (Ersten) Konferenz von Washington (auch bekannt als Arcadia-Konferenz) vom 22. Dezember 1941 bis 14. Januar 1942 seinen neuen Verbündeten, US-Präsident Franklin D. Roosevelt, zur Mittelmeerstrategie überredete. Roosevelt und die US-Militärs sahen diese Strategie eigentlich äußerst kritisch. Stattdessen wollte vor allem der Generalstabschef der U.S. Army, General George C. Marshall, so schnell wie möglich in Europa landen, um Deutschland direkt zu attackieren. Dies war typisch für die strategische Überzeugung der Amerikaner: Das Land sollte so schnell wie möglich für den Krieg mobilisieren, die Kräfte konzentrieren und an einem vorher klar definierten Punkt den Gegner direkt treffen. Nordafrika und das Mittelmeer empfanden die Vereinigten Staaten nur als Ablenkung vom entscheidenden Kriegsschauplatz Europa. Hinzu kam, dass sich die USA für Großbritannien zwar in Europa vorbehaltlos einsetzten, für britische imperiale Interessen allerdings kein Verständnis aufbrachten, sondern sie sogar ablehnten. Gerade deshalb unterstützte die US-Führung die Mittelmeerstrategie nur widerwillig, diente sie

George C. Marshall (1880–1959)

George C. Marshall war während des Zweiten Weltkriegs Generalstabschef der U.S. Army. Als strategischer Planer war er die rechte Hand von Präsident Roosevelt und einer der Garanten für den Erfolg der *Combined Chiefs of Staff*. Auf eigenen Wunsch trat er im November 1945 in den Ruhestand. In Deutschland wird Marshalls Name aber nicht mit seinen Leistungen im Krieg verbunden, sondern vielmehr mit seiner Rolle beim Wiederaufbau des zerstörten Europas. Marshall, seit 1947 US-Außenminister, forderte einen wirtschaftlichen Wiederaufbauplan für Europa; die USA sollte umfangreiche Hilfen in Form von Krediten, Waren und Rohstoffen liefern. Dieser berühmte »Marshall-Plan« war die Grundlage für die wirtschaftliche Wiedergeburt Westeuropas nach 1945 und legte den Grundstein für das »Wirtschaftswunder« der 1950er Jahre in der Bundesrepublik Deutschland. 1953 erhielt Marshall den Friedensnobelpreis.

doch den Briten vor allem zur Wiederherstellung der Verbindungswege in ihre Kolonien im Nahen Osten sowie in Indien. Zunächst allerdings gaben die Amerikaner klein bei und stimmten einer Landung in Nordafrika für 1942 zu. Anders als die beiden Achsenmächte hatten sich die Westalliierten somit klar festgelegt: Nordafrika war für sie von 1940 bis 1943 kein Neben-, sondern der Hauptkriegsschauplatz.

↗ **Hitler und Mussolini in München, 18. Juni 1940. Die »Achse Berlin-Rom« war weniger ein Bündnis zweier Staaten als vielmehr ein Pakt zweier Diktatoren.**

3 Reibungen in der Koalitionskriegführung: »Achse« und Alliierte im Vergleich

»Achse« gegen Alliierte – das war nicht nur ein Krieg zwischen zwei Koalitionen, sondern vor allem ein Krieg zweier gegensätzlicher Weltanschauungen: Nationalsozialismus und Faschismus standen gegen die Demokratie. Hatten diese ideologischen Unterschiede auch Einfluss auf den Charakter und die Kultur der jeweiligen Koalition? Wenn ja, war diese »Koalitionskultur« ein Faktor für Sieg und Niederlage in Nordafrika?

Für das Verständnis der »Achse« sind die beiden Personen Hitler und Mussolini entscheidend. Beide Diktatoren bestimmten die Strategie ihres Staates in allen Belangen. Sie hatten also in Bezug auf die Kriegführung das letzte Wort, häufig auch gegen den Rat ihrer militärischen und politischen Fachleute. Eigentlich waren beide Politiker, doch im Krieg definierten sie sich primär als Feldherren, allen voran Hitler. Er war seit 1934 nominell und seit 1938 faktisch Oberster Befehlshaber der Wehrmacht, also aller drei Wehrmachtsteile Heer, Luftwaffe und Marine. Außerdem ernannte Hitler sich ab dem 19. Dezember 1941 zum Oberbefehlshaber des Heeres; den Generalstab nahm er immer mehr als lästiges Beiwerk wahr. Ähnlich war es bei Mussolini, der im Juni 1940 den Oberbefehl über die italienischen Streitkräfte übernahm. Zwar überließ er seinem Generalstab weiterhin die Facharbeit, doch die wichtigen Entscheidungen behielt er sich selbst vor.

Es lag – bei aller gegenseitigen persönlichen Bewunderung – in den Charakterzügen der beiden Diktatoren, nie mit offenen Karten zu spielen; beide folgten ausschließlich ihrem politischen Egoismus. Über die wahren Kriegspläne ließen sie daher den Verbündeten stets im Ungefähren oder gar völlig im Dunkeln. Zwischen dem Kriegsausbruch 1939 und Mussolinis Sturz am 25. Juli 1943 trafen sich Hitler und Mussolini zwar insgesamt zehnmal, doch dauerten die Zusammenkünfte meist nur wenige Stunden. Ein echter Interessenaustausch oder gar eine gezielte Abstimmung einer gemeinsamen Strategie fand nicht statt.

Enno von Rintelen mit Mussolini bei einer Truppeninspektion, Juli 1940. Der italophile und weitgehend einflusslose Rintelen war eine der wenigen Schnittstellen im deutsch-italienischen Bündnis.

Auch die Kommunikation zwischen Wehrmacht und italienischer Armee entwickelte sich nur sehr zögerlich. Zwar gab es ab Juni 1940 mit General Enno von Rintelen einen »Deutschen General beim Hauptquartier der Italienischen Wehrmacht«, doch hatte er nur die Wehrmachtsbelange im italienischen Raum zu vertreten. Auch sein italienischer Gegenpart, General Luigi Efisio Marras, hatte als »Militärattaché und Chef der italienischen Militärmission im Oberkommando der Wehrmacht (OKW)« vorwiegend kommunikative Aufgaben. Es fehlte also eine gemeinsame deutsch-italienische militärische Dienststelle, die eine übergreifende Strategie hätte erarbeiten können.

Das hatte sich Mussolini – zumindest zu Beginn – auch ausdrücklich so gewünscht; anders hätte er seine »Parallelkriege« nicht führen können. Nach deren kläglichem Scheitern im Herbst 1940 gab jedoch allein das militärisch wie wirtschaftlich deutlich stärkere Deutsche Reich die strategische Marschroute vor; Italien hatte sich fortan als Juniorpartner unterzuordnen. Es durfte zwar nach wie vor mitreden und mitmachen, aber eben nicht mehr mitbestimmen. Mussolini fügte sich und glaubte, dass seinem Italien zumindest die Rolle des wichtigsten deutschen Verbündeten zufiel.

Nach außen hin durften die Italiener immerhin den Schein der Unabhängigkeit wahren. Rommels Truppen in Nordafrika unterstanden nominell italienischem Oberbefehl. Die Deutschen achteten stets die italienische Souveränität und mischten sich auch nicht in die kolonialpolitischen Angelegenheiten der *Libia Italiana* ein. In rein militärischen Fragen allerdings missachtete Rommel häufig den italienischen Oberbefehl. Auch seinen eigenen Dienstweg befolgte er mitunter nicht; er überging das Oberkommando des Heeres (OKH) und wandte sich stattdessen direkt an das OKW oder Hitler. Kurz: Rommel tat, was er wollte. Erst diese nichtautorisierte Unabhängigkeit ermöglichte es dem späteren Generalfeldmarschall, seine überraschenden Offensiven zu führen. Der Feldzug in Nordafrika gewann dadurch eine ganz besondere Dynamik mit vielen unerwarteten Wendepunkten. Gemaßregelt wurde Rommel dafür nie, obschon das OKH häufig vor Wut kochte. Während also auf strategischer Ebene die »Achse« schwere Defizite zeigte, ermöglichten genau diese Defizite lange Zeit auf der operativen Ebene die Erfolge in Nordafrika.

Im Gegensatz zur »Achse« verstanden die Alliierten die Kunst der

Mackenzie King, Roosevelt und Churchill (sitzend v. l. n. r.) auf der 1. Konferenz von Québec (August 1943), einem der regelmäßigen Treffen der Alliierten

Koalitionskriegführung weit besser. Bereits Anfang 1941 – also ein knappes Jahr vor (!) dem offiziellen Kriegseintritt der USA – hatten sich Stabsoffiziere beider Seiten für mehrere Wochen in Washington D. C., zusammengesetzt, um eine grobe Strategie für eine zukünftige Kriegskoalition auszuhandeln. Anders als die »Achse« mussten sich die Alliierten nicht nur mit dem europäischen, sondern gegen Japan auch mit dem pazifischen Kriegsschauplatz befassen. Auf der Ersten Washington-Konferenz vom 22. Dezember 1941 bis 14. Januar 1942 konnten sich Churchill und Roosevelt relativ schnell auf das Prinzip des »Europe First« einigen. Die Hauptgegner waren damit zunächst Deutschland sowie Italien und nicht Japan. Große politische Konferenzen sollten für die Zukunft ein Markenzeichen der alliierten Strategie werden. Bis Mai 1945 trafen sich Churchill und Roosevelt insgesamt elf Mal, davon vier Mal bis Mitte 1943. Anders als bei Hitler und Mussolini handelte es sich aber nicht um kurze Begegnungen, sondern um mehrere Tage andauernde Verhandlungen, in die sich auch die jeweiligen Spitzenpolitiker und Spitzenmilitärs beratend einbrachten.

Dieser intensive Austausch ermöglichte den Alliierten, eines ihrer Hauptprobleme zu überwinden und die unterschiedlichen strategischen Denkweisen miteinander zu vereinbaren. Solange die Alliierten noch nicht über die notwendigen Mittel verfügten, lehnten die Briten einen Angriff auf das deutsche Machtzentrum in Europa vehement ab. Stattdessen wollten sie die »Achse« an der Peripherie, also im Mittelmeer, schwächen. In der Strategie wird das als »indirekter Ansatz« bezeichnet. Die Amerikaner hingegen bevorzugten einen »direkten Ansatz«: Der Gegner sollte nicht an seiner schwächsten, sondern seiner stärksten Stelle getroffen werden. Einsatzraum und Ziel waren von Anfang an zu bestimmen, woraufhin die dafür notwendigen Mittel genau darauf ausgerichtet werden sollten. Die Briten warfen daher den Amerikanern vor, sich blind und unflexibel auf ein einziges Ziel zu fixieren. Die Amerikaner wiederum konterten, die britische Strategie werde keine Kriegsentscheidung bringen. Zudem zweifelten sie an der Opferbereitschaft ihres Partners.

Die Lösung dieses Strategiestreits ergab sich aus dem Machtverhältnis der beiden Verbündeten. 1941/42 gab noch eindeutig Großbritannien die strategische Marschroute vor, es dominierte der »indirekte Ansatz« im Mittelmeer. Doch unter dem Eindruck des verstärkten amerikanischen Kriegseinsatzes begann ab Mitte 1943 das Pendel zugunsten der USA auszuschwingen. Da sie fortan die bestimmende Macht waren, stand der »direkte Ansatz« mit einer Landung in Westeuropa nun im Vordergrund. Allerdings begegneten sich Großbritannien und die USA in all den Jahren stets auf Augenhöhe. Das bedeutete freilich lange Prozesse der Entscheidungsfindung und die stetige Suche nach einem Kompromiss. Roosevelt und Churchill waren zwar die entscheidenden Regierungschefs, aber anders als Hitler und Mussolini waren sie keine Diktatoren mit allumfassenden, totalitären Machtbefugnissen. Sie vertrauten daher in Fachfragen auf ihre Experten aus Militär, Politik und Wirtschaft. Dank ihrer kühlen rationalen Berechnungen und Überlegungen konnten damit die Alliierten langfristig ihre weit überlegenen Ressourcen ausspielen. Problematisch war allerdings, dass Churchill sich mehrmals in militärisch-operative Fragen einmischte. Als ehemaliger Berufsoffizier konnte er sich scheinbar nicht vollkommen von seinem alten Metier lösen.

Eine zentrale Institution der gemeinsamen Kriegführung waren die »Combined Chiefs of Staff«, bestehend aus den britischen und amerikanischen Generalstabschefs jeweils aller drei Teilstreitkräfte (Heer, Luftwaffe und Marine). Sie trafen sich wöchentlich in Washington D. C., um die auf den großen politischen Konferenzen getroffenen Entschlüsse in konkrete militärische Planungen umzusetzen und die daraus folgenden militärischen sowie strategischen Fragen für die nächste Konferenz vorzubereiten. Da die britischen Generalstabschefs in London verblieben, wurden sie durch die »British Joint Staff Mission« unter Feldmarschall John Dill vertreten.

Auf den großen Konferenzen und unter den »Combined Chiefs of Staff« diskutierten Briten und Amerikaner häufig erbittert. Am Ende aber gelang es ihnen stets, eine gemeinsame Strategie in den Debatten auszuhandeln und, wenn nötig, diese auch zu überprüfen. Letztlich hat sich diese Strategie als richtig erwiesen, und die notwendigen Kompromisse waren kein Zeichen der Schwäche. Anders als bei der »Achse« war es ein demokratischer Prozess der Abstimmung, ein echtes Miteinander. Der Entscheidungsprozess auf strategischer Ebene war freilich zeitraubend und schwerfällig, was wiederum Rückwirkungen auf die operative Kriegführung hatte. Letztere nämlich war meist behäbig, schematisch und risikoscheu. Die Stärke der alliierten Strategie verwandelte sich also auf operativer Ebene zu einer Schwäche, weshalb die Alliierten der Wehrmacht auf diesem Feld meist unterlegen waren.

↗ Kolonne mit deutschen Panzern III auf dem Marsch in der Cyrenaika nach den Kämpfen bei Marsa el Brega, April 1941

4 Die beteiligten Armeen

Italiener

Zugegeben, die militärische Bilanz der italienischen Armee sah im Zweiten Weltkrieg nicht gerade beeindruckend aus: vergebliche Angriffe in den französischen Alpentälern 1940, die Niederlage gegen das kleine Griechenland 1940/41 sowie verheerende Desaster in Nordafrika und – nach Anfangserfolgen – in Ostafrika 1940/41 gegen die zahlenmäßig weit unterlegenen Briten. Jedoch wäre es voreilig, sich mit einer derartigen Aufzählung italienischer Misserfolge zufriedenzugeben. Die Realität war komplexer; gerade das zeigt der Krieg in Nordafrika.

Nach der Vernichtung der 10. Armee bei Sidi Barrani und Beda Fomm zur Jahreswende 1940/41 musste das italienische Heer in Libyen praktisch komplett neu aufgestellt werden. Setzte es sich 1940 noch ausschließlich aus zweit- und drittklassigen Verbänden zusammen, sollte sich dies für die Jahre 1941/42 ändern. Die Italiener verlegten einige ihrer besten Divisionen nach Nordafrika. So standen im Herbst 1942 alle drei Panzerdivisionen (Ariete, Littorio und Centauro) sowie die einzige Fallschirmjägerdivision (Folgore) des italienischen Heeres auf dem nordafrikanischen Kriegsschauplatz. Hinzu kamen mehrere Bersaglieri-Regimenter, die traditionsreiche »schnelle Infanterie«. Den Anforderungen des Bewegungskriegs in der Wüste trug der italienische Generalstab also Rechnung, wenn auch mit vergleichsweise bescheidenen Mitteln.

Das stete Dilemma der italienischen Kriegspolitik zeigte nun seine Auswirkungen: Die geringe Produktion der Rüstungsindustrie und die begrenzten logistischen Kapazitäten machten es den Italienern kaum möglich, eine größere Streitkraft auf dem nordafrikanischen Kriegsschauplatz aufzubauen und zu versorgen. Ein Desaster wie in der Anfangsphase 1940/41 wiederholte sich aber nicht, denn viele italienische Verbände zeigten große Lernbereitschaft; Italiener und Deutsche tauschten schon sehr bald ihre Kampferfahrungen und Kampfberichte aus. Zu-

Italienische Divisionen auf den einzelnen Kriegsschauplätzen

Jahr	Schauplatz	Infanterie-divisionen		Schnelle Divisionen*		Divisionen gesamt	
Nov. 1940	***Nordafrika***	12	15%	3	19%	15	16%
	Albanien/Griechenland	17	22%	6	37%	23	24%
	Ostafrika	15	19%	–	–	15	16%
	Heimat	34	44%	7	44%	41	44%
	Gesamt	78	100%	16	100%	94	100%
Nov. 1942	***Nordafrika***	5	7%	6	30%	11	12%
	Balkan	32	45%	3	15%	35	38%
	Frankreich	5	7%	3	15%	8	9%
	Sowjetunion	5	7%	5	25%	10	11%
	Heimat	24	34%	3	15%	27	30%
	Gesamt	71	100%	20	100%	91	100%
April 1943	***Nordafrika***	3	4%	4	22%	7	8%
	Balkan	27	38%	2	11%	29	33%
	Frankreich	9	13%	2	11%	11	12%
	Heimat	32	45%	10	56%	42	47%
	Gesamt	71	100%	18	100%	89	100%

* Panzerdivision, Panzergrenadierdivision, Infanteriedivision (mot.), Fallschirmjägerdivision, Alpini-Division

Zu keinem Zeitpunkt war die Masse des italienischen Heeres in Nordafrika eingesetzt. Allerdings kamen dort qualitativ höherwertige Divisionen überproportional häufig zum Einsatz.

dem gab die Präsenz des Deutschen Afrikakorps seit Frühjahr 1941 der italienischen Armee einen gewissen moralischen Rückhalt. Überraschend gut beurteilte die Wehrmacht 1942 die meisten italienischen Frontgeneräle. So lobte sie die Kommandierenden Generäle der drei italienischen Korps bei El Alamein als »besonders fähig« (Edoardo Nebbia, X. Korps), »besonders bewährter Truppenführer« (Giuseppe De Stefanis, XX. Korps) oder »sehr entschlussfreudig« (Enea Navarrini, XXI. Korps).

Äußerst problematisch war freilich die Relation der italienischen Soldaten an der Front zu jenen im Hinterland. Im Oktober 1942 standen 146 000 Mann in Nordafrika, doch wurden nur 54 000 in der Schlacht von El Alamein eingesetzt, 77 000 Mann waren hingegen in rückwärtigen Diensten oder mit der Sicherung der Kolonie beschäftigt; die restlichen 15 000 Mann dienten in der Regia Aeronautica und der Regia Marina. Die zahlenmäßig vergleichsweise geringen Kampfverbände waren zudem nur mangelhaft ausgestattet, insbesondere die Infanterie. Die Italiener mochten zwar stets mehr Divisionen als ihre Gegner in Nordafrika haben, doch an Material, Feuerkraft und Personal konnten sie es nicht mit den britischen Pendants aufnehmen. Auch die gepanzerten Fahrzeuge konnten nur teilweise mit den technischen Anforderungen der Zeit mithalten: Die mittelgroßen Fiat M11/39 oder gar die 3,2 Tonnen »schweren« Panzer L3/35 waren 1940 den britischen Matildas hoffnungslos unterlegen.

Erst 1941 konnten die Italiener einen brauchbaren mittleren Panzer einsetzen, den Fiat M13/40. Vor allem dank seiner 47-mm-Kanone war dieses Gefährt dem Matilda weitgehend gewachsen, und das Sturmgeschütz Semovente 75/18 mit seiner 75-mm-Kanone konnte es zu einem späteren Zeitpunkt des Krieges in Nordafrika sogar mit den alliierten Shermans aufnehmen. Allerdings standen nie genug Semovente zur Verfügung, und die späteren, kaum verbesserten Modelle des M13/40, nämlich der Fiat M14/41 und der Fiat M15/42, vermochten im technologischen Wettrennen nicht mitzuhalten. Weitere Dauerprobleme waren die schwachen Panzerabwehrkanonen und Artilleriegeschütze sowie der niedrige Motorisierungsgrad. Hinzu kam das veraltete Standardgewehr Carcano, das Kritiker aufgrund der miserablen Treffergenauigkeit als »humanste Waffe der Welt«verspotteten. Die italienische Industrie verfügte weder über das Know-how noch über die Produktionskapazitäten für einen technisierten Massenkrieg.

Italienische Soldaten bei einer Ruhepause im Schatten eines M13/40. Er galt im Wüstenkrieg als solider Panzer, war aber spätestens Ende 1942 veraltet.

Ein britischer Matilda-Panzer in der Werkstatt, April 1941. Die Ringe auf Turm und Wanne stammen von italienischen Projektilen, die die Panzerung nicht durchdringen konnten.

Technologische Überlegenheit allein führt natürlich nicht automatisch zum Sieg auf dem Schlachtfeld. Entscheidend ist und bleibt, wie Truppen und Waffensysteme eingesetzt werden; im Fachjargon wird das die »Doktrin« genannt. Gerade darin lag jedoch ein weiterer großer Schwachpunkt der italienischen Streitkräfte. Vor dem Krieg hatte der Generalstab das Potenzial eines Bewegungskriegs erkannt, doch fehlte es über all die Jahre an einer kohärenten Doktrin zum Einsatz von gepanzerten Kräften. Funkgeräte gehörten erst nach und nach zur Standardausstattung der italienischen Panzer. Der vergleichsweise niedrige Bildungsstand im Königreich Italien erschwerte zudem die Rekrutierung von Spezialisten für neue Waffensysteme. Auch die Ausbildung der Soldaten war vergleichsweise schlecht. Die Offiziere trauten ihren

Unteroffizieren und Mannschaften daher sehr wenig zu und nahmen sie an die kurze Leine. Das wiederum verstärkte nur die ohnehin bereits bestehende Kluft zwischen den drei Laufbahngruppen.

Der Faschismus konnte nicht unbedingt als feste ideologische Klammer für den Zusammenhalt in der Truppe dienen. Er genoss zwar vor allem in den Friedensjahren durchaus Rückhalt in der Bevölkerung, konnte aber nie vollends die alten sozialen Gräben zudecken oder die Politikverdrossenheit in der ländlichen Gesellschaft beseitigen. Viele Italiener beugten sich äußerlich dem Druck des Regimes, ohne jedoch die Ideologie des Faschismus verinnerlicht zu haben. Das Offizierskorps (*Regio Esercito*, königliche Armee) orientierte sich am Monarchen, und nur wenige Generäle wie Rodolfo Graziani bekannten sich offen zum Faschismus.

Rommel urteilte zunächst sehr hart über den italienischen Verbündeten. Rückblickend gestand er aber ein, die italienischen Verbände, allen voran die gepanzerten, hätten sämtliche Leistungen des italienischen Militärs in den vergangenen hundert Jahren in den Schatten gestellt. Viele italienische Offiziere hätten die Bewunderung der Wehrmacht gewonnen. Die italienische Armee durchlief in Nordafrika also zweifellos eine Lernkurve, blieb aber stets von der militärischen Hilfe des Deutschen Reichs abhängig. Auch an der Front mussten immer wie-

Italienische Infanterie auf dem Marsch durch die Wüste. Die mangelnde Motorisierung war ein zentrales Problemfeld der italienischen Armee in Nordafrika.

der die deutschen Einheiten als »Korsettstangen« zur Unterstützung eingebaut werden. Ohne die Wehrmacht wäre der Krieg in Nordafrika sicherlich schon im Frühjahr 1941 zu Ende gewesen.

Deutsche

Bis weit in die Nachkriegszeit dominierte eine Meistererzählung über den Krieg in Nordafrika: Die Italiener seien militärisch »unfähig« gewesen, die Deutschen hingegen »brillant«. Diese Stereotype erwiesen sich als sehr zäh und wurden vor allem in Deutschland, aber auch in Großbritannien lange Zeit kaum hinterfragt. Heute ist das Bild deutlich differenzierter. Fraglos war die Wehrmacht in den ersten zwei Kriegsjahren allen ihren Gegnern taktisch und operativ überlegen. Das lag nicht an ihrer materiellen Ausstattung, sondern an ihrer Doktrin. Denn die Wehrmacht hatte schneller als andere Armeen eine effiziente Lösung für den Einsatz der damals modernsten Waffe gefunden: des Panzers. Zusammen mit der motorisierten Infanterie und der Artillerie wurden die Panzer in Panzerdivisionen zusammengefasst; sie konnten eigenständig das Gefecht führen, das »Gefecht der verbundenen Waffen«. Ein weiterer Pluspunkt war das im deutschen Militär übliche »Führen mit Auftrag« (Auftragstaktik). Im Idealfall gab der Vorgesetzte in seinem Befehl nur das Ziel, die Mittel und die Auflagen vor, sodass der Untergebene einen gewissen Handlungsspielraum bei der Ausführung seines Auftrags hatte. Er konnte daher auch vor Ort eigenständig Entscheidungen treffen, musste diese aber nach oben melden. Das ermöglichte ein hohes Maß an Flexibilität auf taktischer Ebene. Initiative war gefragt, auch wenn einige Offiziere diese Freiheit über Gebühr strapazierten und ihre Verbände sehr selbstherrlich führten. Rommel war in dieser Hinsicht keine Ausnahme.

In Nordafrika kämpften zwar nur wenige Verbände des Heeres, doch waren diese vergleichsweise gut ausgestattet. Den Kern bildete das Deutsche Afrikakorps mit der 15. und 21. Panzerdivision (anfangs: 4. leichte Division). Häufig wird Rommel automatisch mit ebenjenem Korps assoziiert, doch in Wahrheit führte der »Wüstenfuchs« dieses Korps nur in der Anfangszeit, vom Februar bis August 1941. Ihm folgten weniger bekannte Generäle: Ludwig Crüwell, Walter Nehring, der anfangs genannte Wilhelm Ritter von Thoma, Gustav Fehn und Hans

Ein klassisches Foto der NS-Propaganda: Ein Panzer III des deutschen Afrikakorps fährt durch die libysche Wüste.

Cramer. Rommel hingegen erhielt den Oberbefehl über die neu aufgestellte Panzergruppe Afrika (später: Panzerarmee Afrika bzw. Deutsch-Italienische Panzerarmee), deren Speerspitze aber stets das Afrikakorps mit den beiden Panzerdivisionen war, häufig flankiert von den italienischen Panzerdivisionen »Ariete« und »Littorio«.

Dass Nordafrika für Hitler stets von nachgeordneter Bedeutung war, zeigte sich allerdings schon an der Zahl der dort eingesetzten deutschen Divisionen. Als die Wehrmacht am 22. Juni 1941 die Sowjetunion mit 149 Divisionen angriff, kämpfte Rommel in Libyen mit gerade einmal zwei Divisionen. Im Herbst 1942, also während der Schlacht von El Alamein, standen in Nordafrika dann vier Divisionen, an der Ostfront hingegen inzwischen über 210 Divisionsverbände. Erst nach der Bildung des Brückenkopfes von Tunis schickte Hitler mehr Truppen nach Nordafrika, doch zahlenmäßig blieb dieser Schauplatz stets im Schatten der Ostfront – zumindest was das Heer betrifft.

Bei der Luftwaffe sah die Sache anders aus. Sie war ein wichtiger Faktor für die militärischen Erfolge der »Achse« in Afrika. Vor allem ab November 1941 stieg die Anzahl der im Mittelmeer eingesetzten Flugzeuge merklich an. Für ihren Einsatz war die Luftflotte 2 unter Generalfeldmarschall Albert Kesselring mit dem II. und X. Fliegerkorps sowie dem Fliegerführer Afrika verantwortlich. Letzterer koordinierte den taktischen Einsatz der Verbände auf dem afrikanischen Kontinent. Im April 1942 zählte die Luftflotte 2 insgesamt 712 Flugzeuge. Als im November 1942 die Kämpfe um Tunis begannen, erreichte der Bestand von Kesselrings Luftflotte mit über 1500 Flugzeugen seinen Höhepunkt. Damit hatte das Mittelmeer für die Luftwaffe fast die gleiche Bedeutung er-

Deutsche Divisionen auf den einzelnen Kriegsschauplätzen

Jahr	Schauplatz	Infanterie-divisionen		Schnelle Divisionen*		Divisionen gesamt	
Juni 1941	***Nordafrika***	–	–	2	6%	2	1%
	Sowjetunion	120	69%	29	94%	149	73%
	Westen	38	22%	–	–	38	19%
	Norwegen/Dänemark	9	5%	–	–	9	4%
	Balkan	7	4%	–	–	7	3%
	Gesamt	174	100%	31	100%	205	100%
Nov. 1942	***Nordafrika***	–	–	4,5	12%	4,5	2%
	Sowjetunion	187	78%	26	67%	213	76%
	Westen	34	14%	7	18%	41	15%
	Norwegen/Dänemark	12	5%	1	3%	13	5%
	Balkan	7	3%	–	–	7	2%
	Gesamt	240	100%	38,5	100%	278,5	100%
April 1943	***Nordafrika***	3	1%	5	13%	8	3%
	Sowjetunion	168	73%	28	70%	196	72%
	Westen	37	16%	6	15%	43	16%
	Norwegen/Dänemark	12	5%	1	2%	13	5%
	Balkan	10	5%	–	–	10	4%
	Gesamt	230	100%	40	100%	270	100%

* Panzerdivision, Panzergrenadierdivision, Infanteriedivision (mot.), Fallschirmjägerdivision

Auf dem afrikanischen Kriegsschauplatz kämpfte zahlenmäßig stets nur ein verschwindend kleiner Teil des deutschen Heeres. Allerdings standen dort verhältnismäßig viele motorisierte und gepanzerte Divisionen.

Quelle: Kriegstagebuch der Wehrmacht, Bd. I bis III, S. 258–262, 1135–1138, 1385–1391.

Zwei Messerschmitt Me-109 im Flug über der Wüste, 1942. Neben dem Panzer prägten vor allem die Luftstreitkräfte das Schlachtfeld in Nordafrika.

langt wie die Ostfront, an der damals etwa 1900 deutsche Flugzeuge eingesetzt waren.

Obwohl Kesselring außerdem »Oberbefehlshaber Süd« war, hieß dies de facto nicht, dass er damit Rommels Vorgesetzter war. Parallelhierarchien und unklare Unterstellungsverhältnisse, gerade auch auf höchsten Ebenen, waren ein Merkmal des NS-Staats, sodass sich Hitler letztlich selbst die wichtigsten Entscheidungen vorbehalten konnte. Da Libyen italienisches Staatsgebiet war, unterstanden die deutschen Truppen auf nordafrikanischem Boden offiziell italienischem Oberbefehl, den dort der Generalgouverneur von Libyen ausübte. In Wirklichkeit scherte sich aber der »Wüstenfuchs« Rommel häufig nicht um die Befehle seiner Vorgesetzten, ganz gleich ob es deutsche oder italienische waren. Das ging so weit, dass der Generalgouverneur Italo Gariboldi im Juli 1941 nach fundamentalen Differenzen mit Rommel seinen Hut nehmen musste und durch Ettore Bastico ersetzt wurde. Rommel konnte sich viele Eigenmächtigkeiten erlauben, weil er von Hitler lange protegiert wurde und sich auch unter den italienischen Soldaten großer Beliebtheit erfreute. Mit politischen Fragen sollte und wollte Rommel sich nicht belasten. Nordafrika war für ihn das ideale Kommando, denn dort konnte er sich militärisch verwirklichen und jene Rolle des »Nur-Soldaten« ausfüllen, als der er sich immer verstand.

Der Grad der Politisierung und Ideologisierung der Wehrmacht sowie deren Folgen für ihre Kampfkraft sind umstritten. Ganz sicher war die Kampfmoral unter den deutschen Soldaten im Allgemeinen höher als bei den italienischen Verbündeten und möglicherweise auch höher als beim britischen Gegner. Die Vorstellung, einen »Verteidigungskrieg« zu führen, war – so seltsam das heute klingt – in der Wehrmacht weit verbreitet. Und: Der »Führer« galt als sakrosankt. Generell stellten die Alliierten unter den deutschen Gefangenen in Nordafrika eine größere Affinität zum NS-Regime fest als später, 1944, in Westeuropa. Rommels Soldaten waren zumindest bis 1942 noch siegesbewusst, der Nationalsozialismus hatte für viele unter ihnen seinen Glanz noch nicht verloren.

Commonwealth

Zu Kriegsbeginn war die Ausgangslage für die British Army nicht einfach, denn auf einen großen Krieg war sie nur ungenügend vorbereitet. In der Zwischenkriegszeit hatte ihr Fokus meist auf dem »Imperial Policing« gelegen, also auf der Sicherung des Empires. Das hatte fatale Konsequenzen. Die Army galt ab den späten 1920er Jahren als unterfinanziert, schlecht ausgerüstet und ebenso unzureichend ausgebildet. War sie zum Ende des Ersten Weltkriegs und in den unmittelbaren Nachkriegsjahren noch weltweit führend in der Entwicklung der Panzerwaffe, so verlor sie diesen Status spätestens in den frühen 1930er Jahren. Sie verpasste die neuesten Entwicklungen im Gefecht der verbundenen Waffen und schaffte es nicht, schlagkräftige Panzerdivisionen aufzustellen. Während die Generalstäbe der großen europäischen Armeen in den Kategorien von Massenheeren mit Divisionen und Korps dachten, planten die britischen Stabsoffiziere mit kleinen Expeditionstruppen in Bataillonstärke in Übersee. Zwischen den Kriegen hielt die britische Armee nur zwei (!) Manöver auf Korpsebene ab. Aufgrund der fehlenden Wehrpflicht besaß diese kleine Armee auch keine Personalreserve, um es mit den kontinentalen Massenheeren aufnehmen zu können. Auch die sich aus Freiwilligen rekrutierende Territorial Army konnte dies kaum kompensieren.

Als in den 1930er Jahren die Zeichen immer mehr auf Krieg standen, profitierten vorrangig Navy und Air Force von den Finanzspritzen der Regierung. Die materielle Ausstattung der Army blieb hingegen teilweise veraltet. So konnte es das Bren-Maschinengewehr kaum mit dem deutschen Gegenstück, dem MG34, oder gar dem MG42, aufnehmen. Die 2-pounder-Panzerabwehrkanone konnte zwar einen deutschen Panzer II oder einen italienischen M13/40 bekämpfen, gegen einen Panzer III oder IV war sie jedoch chancenlos. Vor allem aber hinkte die Militärdoktrin der des deutschen Gegners vielfach hinterher. Angriffe wurden schematisch und damit für den Gegner berechenbar geführt, das Überraschungselement ging dabei völlig verloren.

Eine britische Besonderheit war der Einsatz unterschiedlicher Panzertypen. Die schweren Matildas sowie später die (leichteren) Valentines sollten als »infantry tanks« die Infanterie unterstützen, die schnellen Crusader-Panzer hingegen sollten als »cruiser tanks« einen vorangegangenen Durchbruch ausnutzen und den Gegner verfolgen. Letzteres war ein Zugeständnis an die aussterbende Kavallerie, deren Offiziere immer noch großen Einfluss in der British Army hatten. Zeitgemäß war dieser Einsatz unterschiedlicher Panzertypen jedoch nicht. Erst mit der Einführung des US-Panzers Grant sowie vor allem später des Sherman Ende 1942 verfügten die Briten – wie alle anderen Armeen – über einen wirklichen Allzweckpanzer.

All diese Probleme führten in den ersten Kriegsjahren zu einer mäßigen, teilweise sogar katastrophalen Bilanz der British Army auf dem Schlachtfeld: Norwegen 1940, Frankreich 1940, Griechenland 1941 und die Schmach von Singapur 1942 gegen die Japaner waren allesamt deftige Niederlagen. Die hastig improvisierte Flucht der »British Expeditionary Force« (BEF) von Dünkirchen über den Ärmelkanal im Mai 1940 galt bereits als Erfolg. Einzig in Nordafrika zeigte sich die British Army anfangs überlegen – aber nur gegen das italienische Heer.

Ein Verbindungsoffizier der Royal Air Force (r.) nimmt den Funkspruch eines Aufklärungsflugzeugs auf und gibt die Information an den Artillerieoffizier (Mitte) weiter. (Tunesien, Frühjahr 1943)

Die British Army verfügte aber auch über einige Stärken. Sie war 1939 weitgehend motorisiert und hatte die Notwendigkeit eines umfangreichen Logistiksystems erkannt. Die Royal Artillery war modern, zumal die Briten mit dem Matilda II und später – wenn auch mit Einschränkungen – dem Crusader ordentliche Kampfpanzer besaßen, die erst durch den verstärkten Einsatz des deutschen Panzers IV ab 1942 an ihre Grenzen gelangten. Die Leistungen der Royal Air Force waren zweifelsohne überdurchschnittlich, auch wenn die Boden-Luft-Kooperation noch viel Raum für Verbesserungen bot. Gegenüber den italienischen Streitkräften hatten die britischen Divisionen einen klaren Vorteil an Mobilität, Personalstärke und Feuerkraft. Für die Anforderungen eines Wüstenkriegs waren dies insgesamt relativ günstige Ausgangsbedingungen.

Die britischen Truppen in Nordafrika unterstanden dem Middle East Command und waren anfangs in der Western Desert Force, dann kurzzeitig im XIII. Korps und schließlich ab September 1941 in der legen-

Australische Soldaten stützen einen verwundeten Deutschen bei El Alamein, Oktober 1942.

dären 8. Armee zusammengefasst. Zwischen Herbst 1941 und Sommer 1942 wurden sie nacheinander von vier verschiedenen Generälen geführt: Alan Cunningham, Neil Ritchie, Claude Auchinleck und schließlich Bernard Montgomery. Ebenso wie die höhere Generalität wechselten auch die unterstellten Truppen sehr häufig, vor allem in den ersten eineinhalb Jahren. Dass die Briten ihren Soldaten immer wieder die Möglichkeit gaben, sich hinter der Front in Ägypten auszuruhen oder sich fortzubilden, hat deren Kampfkraft zweifellos gestärkt. Nicht unbedingt hilfreich war hingegen, dass der Oberbefehlshaber des Middle East Command seine Divisionen je nach Schwerpunktbildung zwischen Nordafrika, dem Balkan, Ostafrika, Syrien und dem Irak immer wieder hin und her verschob. Auf strategischer Ebene mag das sinnvoll gewesen sein, auf taktischer und operativer Ebene jedoch erschwerte es den Lernprozess der Truppe. Nur zwei Divisionen kämpften mehr oder minder durchgehend auf dem nordafrikanischen Kriegsschauplatz: Das war einerseits die 7. Panzerdivision mit dem legendären Beinamen »Desert Rats« und andererseits die 4. Indische Division.

Der Name 4. Indische Division verweist bereits auf eine Besonderheit der britischen Streitkräfte: Es kämpften in Nordafrika nicht ausschließlich Truppen aus dem Mutterland. Neben der 4. Division stellte die British Indian Army mit der 5. und 10. Division im Jahr 1942 zwei weitere Divisionen. Die British Indian Army wurde von britischen Offizieren geführt, und auch Teile des Unteroffizierkorps sowie der Mannschaften waren Briten. Die Masse rekrutierte sich aber aus Männern der Kronkolonie Indien. Viele dieser Soldaten waren Sikhs und trugen im Gefecht aus religiösen Gründen ihren traditionellen Turban (*dastar*) anstelle eines Stahlhelms.

Soldaten der 4. Indischen Division mit einem zur Luftabwehr eingesetzten Bren-Maschinengewehr, April 1941

Einen entscheidenden Beitrag zum Krieg in Nordafrika lieferten auch die Commonwealth-Staaten. Australien schickte drei, Südafrika zwei und Neuseeland eine Division. Die Verbände aus Indien und dem Commonwealth stellten vor allem 1941 und Anfang 1942 sogar das Gros der britischen 8. Armee, mit einem Anteil von teilweise etwa zwei Dritteln. Besonders die 2. Neuseeländische Division galt bei den Deutschen als kampfstark; von den Südafrikanern hatten sie hingegen eine weniger hohe Meinung. Mit Ausnahme von Neuseeland zogen die meisten Commonwealth-Staaten im Spätherbst 1942 ihre Truppen aus Nordafrika ab. Südafrika entschied sich, die verbliebenen Verbände zur Umgliederung nach Hause zu schicken, während Australien eine japanische Invasion des Landes befürchtete. Der Verlust der Truppen aus dem Commonwealth erforderte wiederum eine Verstärkung der britischen Divisionen bei den Kämpfen in Tunesien ab Ende 1942.

Eine Sonderrolle spielten schließlich noch eine exilpolnische, eine exilgriechische und eine französische Brigade. Letztere setzte sich aus den sogenannten »Freien Franzosen« zusammen. Es handelte sich um Truppenteile, die sich von der Vichy-Regierung losgesagt hatten und stattdessen den Befehlen von General Charles de Gaulle folgten. Im März 1943 wurde aus dieser Brigade die 1. Frei-Französische Division.

Nationale Zusammensetzung der alliierten Truppen in Nordafrika					
	Britische Div.	Commonwealth/ Indische Div.	Sonstige	Div. gesamt	Anteil britischer Div. in %
»Operation Compass« Dezember 1940	1	1 indische Div.	2 britische Brig. 1 indische Brig. 1 polnische Brig.	2	50
»Operation Crusader« Dezember 1941	2	1 indische Div. 1 neuseeländische Div. 2 südafrikanische Div.	–	6	33
Schlacht von El Alamein Oktober 1942	6	1 indische Div. 1 neuseeländische Div. 1 südafrikanische Div. 1 australische Div.	4 britische Brig. 1 griechische Brig. 1 französische Brig.	10	60
Endkämpfe in Tunesien März 1943	8	1 indische Div. 1 neuseeländische Div.	6 US-Div. 3 britische Brig. 4 französische Div.	20	40

Die Briten stellten stets nur einen Teil der alliierten Truppen in Nordafrika. Bis Ende 1942 wurden sie massiv von Commonwealth Truppen, anschließend vor allem von US-Truppen, verstärkt.

Während der späteren Kämpfe in Tunesien kamen noch drei weitere frei-französische Divisionen hinzu, die sich vor allem aus Kolonialtruppen zusammensetzten. Die »Achse« kämpfte also in Nordafrika nicht gegen die Briten allein, sondern gegen eine multinationale Streitmacht.

US-Amerikaner

Die Briten konnten den Abzug einiger Commonwealth-Truppen Ende 1942 gut verkraften, da nun ein neuer und mächtiger Verbündeter sein Gewicht in die Waagschale warf: die USA. Bereits im Juni 1942 verlegten die Amerikaner ihre ersten Flugzeuge in den Nahen Osten. Mit den großen Landungen in Nordwestafrika (Operation Torch) ab dem 8. November 1942 kamen dann auch erstmals US-Landstreitkräfte auf der anderen Seite des Atlantiks zum Einsatz. Army und Air Force wuchsen in Nordafrika beträchtlich an: von 150 000 Mann im November 1942 auf fast 480 000 Mann im Mai 1943. Darunter befanden sich auch zwei Panzer- und zuletzt fünf Infanteriedivisionen.

Wie alle Armeen musste auch die U. S. Army die vielfachen Probleme meistern, die jede Mobilisierung im Laufe eines Krieges mit sich bringt. Der selbstgewählte außenpolitische Isolationismus der USA hatte die U. S. Army in der Zwischenkriegszeit zum Stiefkind gemacht, weshalb ihre Hauptaufgabe der Grenzschutz gegen Mexiko gewesen war. Im Herbst 1939 zählte sie gerade einmal 190 000 Mann, um deren Ausbildung es denkbar schlecht stand. Spätestens mit der Niederlage Frankreichs 1940 begann aber in den USA ein Umdenken. Präsident Roosevelt unterzeichnete am 16. September 1940 den »Selective Training and Service Act«. Erstmals führte die USA zu Friedenszeiten die allgemeine Wehrpflicht ein, wobei das Los entschied, wer zum Wehrdienst musste. Zudem wurde das Territorialheer, die National Guard, in die U.S. Army integriert, sodass diese bis Mitte 1941 bereits auf etwa 1,33 Millionen Mann angewachsen war. Aber erst nach dem japanischen Angriff auf Pearl Harbor begann ein Aufrüstungsprogramm, wie es die Welt bislang noch nicht gesehen hatte. Gemessen an der Bevölkerungszahl des Landes blieb das Heer aber zahlenmäßig eher klein. Bei Kriegsende 1945 waren es nur 5,8 Millionen Mann, verteilt auf 89 Divisionen und weitere Truppenteile.

Eine größere Mobilisierung der Streitkräfte hätte die Kriegswirtschaft empfindlich getroffen. Das Land musste nämlich auch gewaltige Materialmengen an Großbritannien, die Sowjetunion und andere Ver-

Das Bild zeugt vom gigantischen Rüstungspotenzial der USA: Ein afroamerikanischer Industriearbeiter in einer Fabrik zur Herstellung von Phosphormunition, Alabama 1942.

bündete liefern. Es ist auch fraglich, ob die U. S. Army personell überhaupt noch stärker hätte anwachsen können, denn die Mobilisierung stieß an ihre Grenzen. Das zentrale Problem bestand im Mangel an qualifizierten Ausbildern. Das Instrument für den Aufwuchs bildeten die aktiven Divisionen aus der Friedenszeit, die Ausbildung wurde zentralisiert. Jede Stammdivision musste – zumindest in der Theorie – ihre besten Offiziere und Unteroffiziere für die Ausbildung einer neuen Division abstellen. Wenn diese neu aufgestellte Division einen gewissen Ausbildungsstand erreicht hatte, musste sie wiederum ihre besten Männer für die Aufstellung einer weiteren Division abgeben. Theoretisch sollte so nach einem Jahr eine neue Division kampfbereit für den Einsatz sein, doch das Ausbildungssystem sorgte für zahlreiche Verzögerungen. Vor allem waren die Personalrotation und -fluktuation extrem hoch; Einheiten und Verbände wurden immer wieder bis in die unterste Ebene neu gemischt. Darunter litt natürlich der innere Zusammenhalt in den Einheiten, eine »verschworene Kampfgemeinschaft« konnte sich praktisch nicht bilden. Auch im Einsatz vertraute die U. S. Army einem etwas ungewöhnlichen Ersatzsystem. Verluste wurden möglichst schnell aus einem großen anonymen Personalpool wieder aufgefüllt. Zwar konnten die Divisionen so meist in ihrer Soll-Stärke kämpfen, was die militärischen Planungen erleichterte. Doch gleichzeitig litt darunter die Gruppenkohäsion in der Truppe.

Als die Army Ende 1942 erstmals in Nordafrika zum Einsatz kam, zeigten sich deutliche Ausbildungsdefizite. Vor allem das Gefecht der verbundenen Waffen funktionierte noch nicht so recht, und auch die Zusammenarbeit mit der United States Army Air Force (USAAF) schien noch nicht ausgereift. Das war überraschend, denn im Gegensatz zu anderen Streitkräften waren die US-Luftstreitkräfte im Zweiten Weltkrieg keine eigene Teilstreitkraft, sondern Teil der U. S. Army. Allerdings sollte die Army im Laufe des Zweiten Weltkrieges aus ihren Fehlern lernen. Sie verstand die Anforderungen des industrialisierten Kriegs vielleicht besser als alle anderen Armeen des Zweiten Weltkriegs. In einem solchen Krieg bedurfte es nämlich nicht nur der Kampftruppen, sondern auch der Logistik, des Nachrichtendienstes, der Pioniere und der Feuerunterstützung durch die Artillerie. So schickte die Army ihre besten Männer gezielt in ebenjene spezialisierten Truppengattungen. Für die Infanterie hingegen blieb meist nur mehr der »Ausschuss« übrig.

Bei der militärischen Ausbildung musste die U. S. Army zunächst ihren Rückstand aufholen. M3 Lee- und M4 Sherman-Panzer auf dem Übungsgelände Fort Knox, Juni 1942

Zudem verfügten die amerikanischen Unterstützungstruppen im Gegensatz zu den Kampftruppen über sehr viel Personal.

Ebenso verstanden die USA sehr gut, dass Krieg ein politischer Akt ist. Niemand versinnbildlichte dies besser als General Dwight D. Eisenhower, ein Diplomat in Uniform. Bisher hatte er als größten Verband lediglich ein Bataillon befehligt. Trotzdem wurde er als Oberbefehlshaber der alliierten Truppen für die Landung »Operation Torch« und später sogar für den gesamten Mittelmeerraum ausgewählt. In Verhandlungen gewandt und verbindlich, verstand es Eisenhower wie kaum ein Zweiter, die militärische und die politische Ebene zu verbinden. In Nordafrika begann seine glänzende Karriere, die ihn nach dem Krieg 1953 als US-Präsident ins Weiße Haus führen sollte.

Die technische Entwicklung von Kampfpanzern der kriegführenden Nationen in Nordafrika 1940–1943

ITALIEN

Tankette L3/35 (1940)

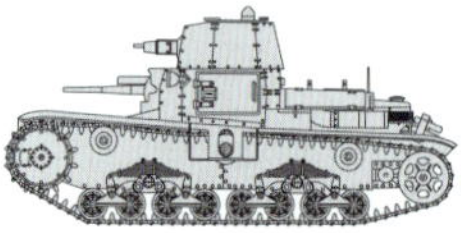

Fiat M11/39 (1940/41)

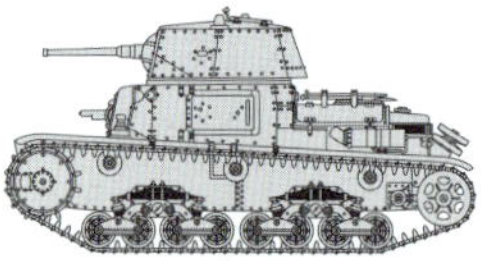

Fiat M13/40 (1941–1943)

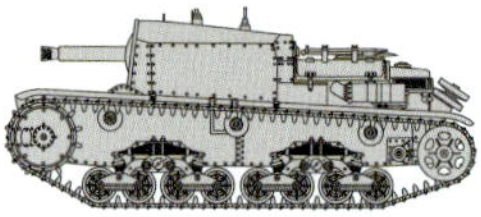

Semovente 75/18 (1942/43)

Maßstab 1:150

DEUTSCHLAND

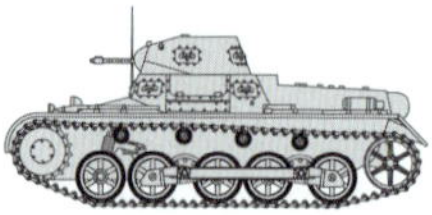

Panzerkampfwagen I, Ausf B (1941)

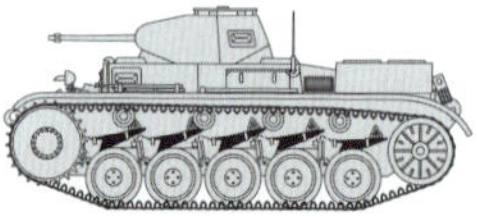

Panzerkampfwagen II, Ausf C (1941/42)

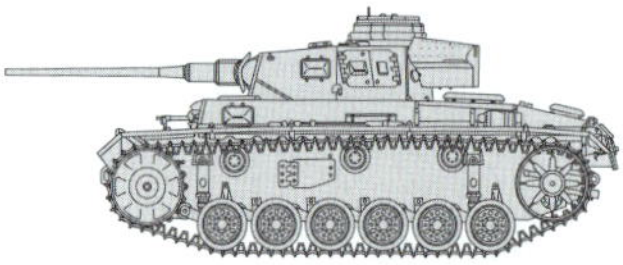

Panzerkampfwagen III, Ausf J (1941–1943)

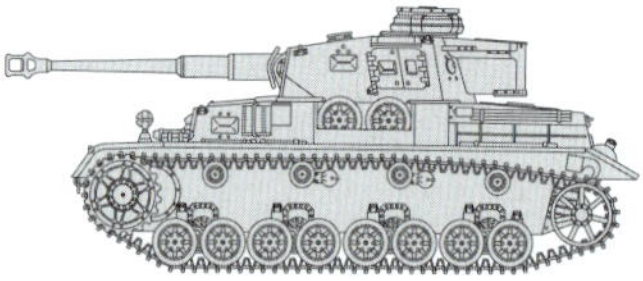

Panzerkampfwagen IV, Ausf F/G (1942/43)

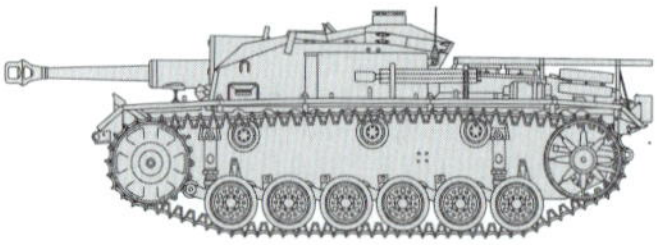

Sturmgeschütz III, Ausf F (1942/43)

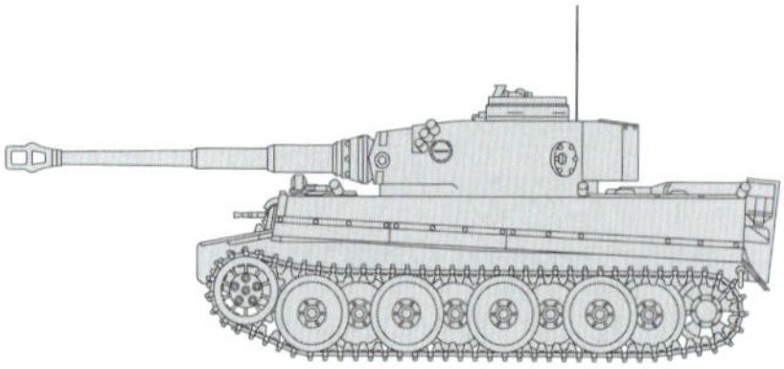

Panzerkampfwagen VI »Tiger« (1943)

GROSSBRITANNIEN/USA

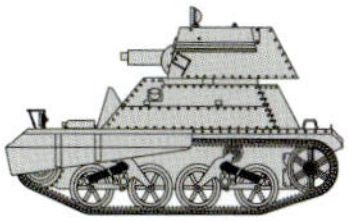

Vickers Mark II (1940 – 1942)

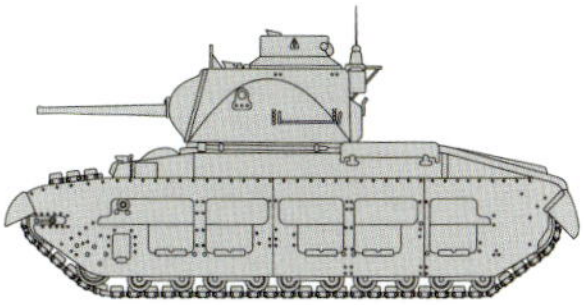

Matilda II (1940 – 1942)

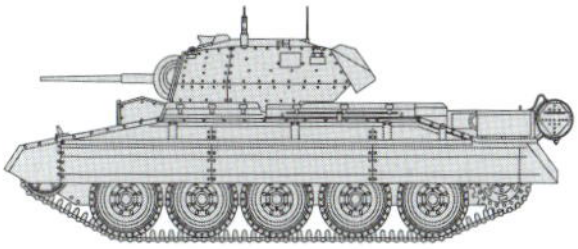

Crusader II (1940 – 1943)

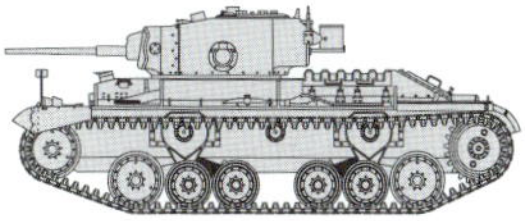

Valentine III (1940 – 1943)

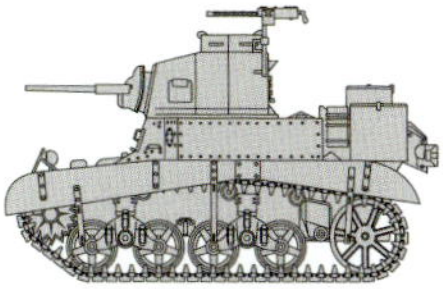

M3 Stuart (1941 – 1943)

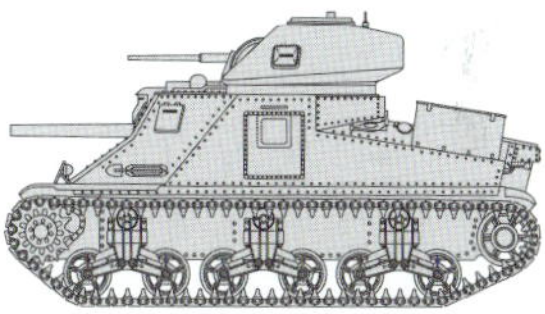

M3 Lee/Grant (1942/43)

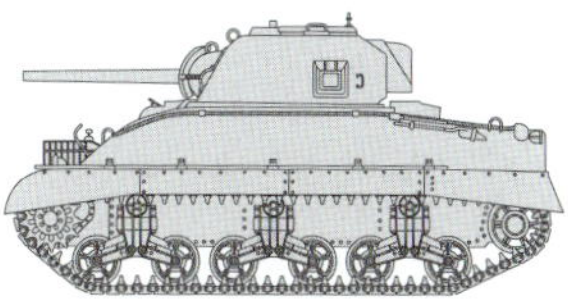

M4 A1 Sherman (1942/43)

Der Panzer als wichtigstes Waffensystem des Krieges in Nordafrika erlebte eine rasante technische Entwicklung. Die meisten Modelle der Kriegsparteien aus den Jahren 1940/41 hatten bereits zu Kriegsbeginn als veraltet gegolten und wurden daher schnell ausrangiert. Die Tendenz ging ganz offensichtlich zu immer größeren und stärker gepanzerten Gefährten hin. Hierbei gab es nur eine Ausnahme von der Regel: Die britischen Crusader II und Valentine III waren kleiner und schwächer gepanzert als ihr Vorläufer, der Matilda II. Dieser hatte sich als zu langsam erwiesen.
1941 konnte Italien in diesem Technik-Wettrennen mit dem Fiat M13/40 noch gut mithalten, doch ab Ende 1942 waren der amerikanische Lee/Grant und der Sherman dem Fiat M13/40 sowie dem Sturmgeschütz Semovente überlegen. Bis zum Auftreten der beiden US-Panzer galten die deutschen Panzer III und IV als die leistungsstärksten Panzer auf dem afrikanischen Kriegsschauplatz, wenn auch nur die hier gezeigten Versionen mit dem langen Kanonenrohr. Der »Tiger« bedeutete im Hinblick auf Feuerkraft und Panzerung einen Quantensprung. Er wurde 1943 in Tunesien erstmals in den Kampf geworfen und zeigte sich im direkten Vergleich allen alliierten Panzern überlegen. Jedoch kam er nur in geringer Stückzahl zum Einsatz und offenbarte einige technische Probleme.
Entscheidend war natürlich nicht nur die Qualität der Panzer, sondern auch die Stückzahl.
Die Alliierten konnten stets mehr Panzer produzieren und nach Nordafrika schicken als die »Achse«.

↗ Deutsche motorisierte Truppen in der Weite der libyschen Wüste. Dieses Foto ist eine private Aufnahme von Erwin Rommel aus einem Fieseler-Storch-Flugzeug.

5 Kampfraum

Wüstenkrieg

Ein Wüstenkrieg bedeutet Kampf in einer extremen Klimazone. Aufgrund der lebensfeindlichen Umwelteinflüsse stellt er besondere Anforderungen an die Kriegführung im Allgemeinen und an den einzelnen Soldaten im Speziellen. Der Kampfraum Wüste ist dünn besiedelt und hat folglich eine schlechte Infrastruktur. So war es auch in Nordafrika im Zweiten Weltkrieg, wo abgesehen von einigen Beduinenstämmen und den Bewohnern der Oasen praktisch die gesamte Bevölkerung in Küstennähe lebte. Allein dort war in Form von Fahrpisten und teilweise Schienenwegen die notwendige Infrastruktur vorhanden, um größere Truppenkörper bewegen und versorgen zu können. So reichte das Schlachtfeld nie besonders weit von der Küste weg ins Landesinnere. Mit der steigenden Zahl der in Nordafrika kämpfenden Truppen dehnte sich die Front über die Monate hinweg zwar immer weiter nach Süden aus, doch betrug die Entfernung zur Küste nie mehr als 100 Kilometer. Lediglich kleinere Spezialeinheiten wie die britische Long Range Desert Group oder die deutschen »Brandenburger« stießen tiefer in die Wüste vor. Solche Aktionen waren sicherlich kühn und belasteten die einzelnen Soldaten psychisch wie physisch beträchtlich. Von größerer militärischer Bedeutung waren die Unternehmungen dieser Spezialkräfte aber nicht.

Ausgeprägte Höhenzüge gab es auf dem nordafrikanischen Kriegsschauplatz nur in der Cyrenaika und vor allem in Tunesien. Ansonsten bedeutete die Wüste in Nordafrika Wildnis und scheinbar unendliche Weite. Bezeichnungen wie der Kidney-Rücken auf dem Schlachtfeld von El Alamein führen auf den ersten Blick in die Irre. In Wahrheit handelt es sich dabei häufig um im Gelände zunächst kaum erkennbare Erhebungen, die aber die unbemerkte Annäherung von größeren Panzerkräften ermöglichten. Zudem fallen bei genauer Betrachtung zahlreiche flache Bodenwellen in der Wüste auf, meist nicht tiefer als einen halben Meter. Diese Senken waren für die Stellungen der Panzerabwehrkanonen von enormer Bedeutung. Mit Hilfe dieser natürlichen Deckungen richtete die Infanterie an besonders wichtigen Geländepunkten befestigte Stützpunkte zur Verteidigung ein. Ansonsten aber war Nordafrika das ideale Gelände für den Bewegungskrieg, für schnelle Panzervorstöße und Flankenmanöver. Mehrmals entschied über Sieg und Niederlage, welche Seite den Gegner schneller ausmanövrieren und umfassen konnte.

Auch wenn die Front häufig viele Wochen oder gar Monate statisch blieb, war Nordafrika ein äußerst dynamischer Kriegsschauplatz, auf dem Erfolge selten von Dauer waren. Der Motorisierungsgrad war in der Wüste so hoch wie nirgendwo anders im Zweiten Weltkrieg, allein schon deshalb, weil sich die Divisionen aufgrund der langen Nachschubwege selbst versorgen mussten. Selbst die meisten Divisionen der technologisch ansonsten rückständigen italienischen Armee waren zumindest teilmotorisiert. Ihre Infanteriedivisionen hatten Hunderte von Lastwagen, allerdings nur für den Nachschub; die Soldaten mussten zu Fuß marschieren. Bei schnellen Rückzügen waren die italienischen Infanterieverbände daher stets am meisten gefährdet, vom Gegner ›überrollt‹ zu werden und damit in Gefangenschaft zu geraten. Dies erklärt zumindest teilweise den vergleichsweise höheren Anteil der Gefangenen unter den italienischen Verlusten. Obgleich das Pferd im Zweiten Weltkrieg das wichtigste Transportmittel war, kam es in Nordafrika nicht zum Einsatz. Die Vierbeiner hätten zu viel Wasser verbraucht.

Wasser war ein kostbares Gut im Wüstenkrieg, und es bedurfte einiger pioniertechnischer Anstrengungen, um die Versorgung sicherzustellen. Neue Wasserquellen mussten über all die Monate kaum erschlossen werden; vielmehr galt es, die vorhandenen optimal auszunutzen. In der Cyrenaika gab es beispielsweise genügend Großwasserstellen, im libysch-ägyptischen Grenzgebiet hingegen kaum. Dort mussten die Soldaten mit schwer genießbarem salzhaltigem Wasser ihren Kaffee trinken. Es war ohnehin notwendig, das Wasser vor dem Verzehr stets abzukochen. Besonders die Briten vergifteten bei ihren Rückzügen die Brunnen, sodass diese vor Wiederinbetriebnahme

Tea time! Britische Soldaten beim Teekochen, Juni 1942. Derartige Rituale waren für die Moral und den Zusammenhalt der Soldaten von entscheidender Bedeutung.

erst einmal dekontaminiert werden mussten. Insgesamt schafften es aber beide Seiten sehr gut, ihre Wasserversorgung aufrechtzuerhalten. Zwar bedeutete der Wassertransport immer eine zusätzliche Belastung für die Logistik, besonders für die Deutschen und die Italiener. Dennoch kamen Rommels Offensiven nicht wegen Wasser-, sondern zumeist wegen Treibstoffmangels zum Stehen.

Wasser musste streng rationiert werden und wurde daher zur Körperwäsche auf ein absolutes Minimum reduziert. Für den Wasserverbrauch veranschlagte die britische Seite im Idealfall neun Liter pro Mann und Tag, doch bei Offensiven konnte dieses Maß auf unter vier Li-

Zwei Besatzungsmitglieder eines britischen Crusader-Panzers, August 1942. Die Gesichtsschleier dienten zur Abwehr von Fliegen und Mücken, den Plagegeistern der Wüste.

Zwei deutsche Soldaten schützen ihre Gesichter gegen Flugsand. Die klimatischen Bedingungen und die schlechte Ernährung führten zu hohen Ausfallsraten. 1942 gingen in der Panzerarmee Afrika über 70 Prozent der Verluste auf Krankheiten zurück.

ter sinken. Die Wehrmacht berechnete pro Mann und Tag nur fünf Liter. Zum Trinken gab es sogar nur einen Liter Tee oder Kaffee. Das war natürlich viel zu wenig; Durst war somit ein dauernder Begleiter der Soldaten. Hinzu kam eine schlechte Ernährung. Die British Army stellte bei der Kontrolle von Feldpostbriefen fest, dass sich 80 Prozent ihrer Soldaten über eine zu geringe Wasserration sowie ungenießbare und einseitige Nahrung beschwerten. Ähnlich ging es ihrem deutschen Gegner. Durch die unausgeglichene und vitaminarme Ernährung verschlechterte sich auch rapide die Gesundheit. Den Ärzten fiel auf, dass neu nach Afrika versetzte Soldaten noch robust gegenüber Infektionen waren, doch bei Veteranen konnten schon harmlose Krankheiten bedrohliche Folgen haben. Besonders die Ruhr war weit verbreitet. Vor der Schlacht von El Alamein lag die Krankheitsrate allein bei den deutschen Soldaten bei etwa 20 Prozent.

In der populären Erinnerung wird die Ostfront des Zweiten Weltkriegs bis heute mit Schnee, Eis und Kälte assoziiert. Die Soldaten in Nordafrika waren ebenfalls extremen klimatischen Bedingungen ausgesetzt. Auf heiße Tage folgten kalte Nächte. Zur stechenden Sonne kamen Staub und Sand sowie die unablässige Belästigung durch Fliegen. NS-Propagandaminister Joseph Goebbels verstand sehr schnell, dass die Soldaten des Deutschen Afrikakorps in einer menschenfeindlichen Umgebung kämpften. So nahm er sich im Juli 1941 vor, mehr für die Betreuungsarbeit zu tun, »damit unsere Truppen in Afrika nicht glauben, dass sie unter dem Eindruck des Ostfeldzuges vergessen würden. Gerade bei dieser Hitze haben sie es verdient, dass man sich ihrer besonders annimmt.« Es war die Geburt der Propagandaerzählung vom heroischen Deutschen Afrikakorps.

Logistik

Ohne Munition, Treibstoff, Ersatzteile und Verpflegung lässt sich keine Schlacht und schon gar kein Krieg gewinnen. Gerade die Logistik – oder militärisch umgangssprachlich: der Nachschub – war die Achillesferse des deutschen Militärs, nicht nur im Zweiten Weltkrieg. Entsprechend gestalteten sich auch die Verhältnisse in Nordafrika. Beide Kriegsparteien mussten den besonderen Eigenarten dieses Kriegsschauplatzes Rechnung tragen, doch generell galt: Die alliierten Truppen waren gut versorgt, während es bei der »Achse« immer wieder zu gefährlichen und teils fatalen Engpässen kam. Zu unterscheiden sind zwei Aspekte: erstens der strategische Nachschub *nach* Nordafrika und zweitens der operative Nachschub *in* Nordafrika. Während der strategische Nachschub vorrangig ein Problem der »Achse« war, betrafen die Probleme des operativen Nachschubs beide Seiten, wenn auch in unterschiedlichem Maße.

Für den strategischen Nachschub spielte die Seeherrschaft im Mittelmeer eine zentrale Rolle. Die Briten erkannten sehr schnell, dass für sie

Sommer 1941: Entladung eines deutschen Halbkettenfahrzeugs (Sonderkraftfahrzeug 11) im Hafen von Tripolis, dem wichtigsten Umschlagplatz für die Versorgung der Panzerarmee Afrika.

der direkte Weg von den britischen Inseln durch die Straße von Gibraltar und das Mittelmeer nach Alexandria viel zu gefährlich war. Ihre Schiffskonvois umfuhren daher den gesamten afrikanischen Kontinent und erreichten über den Suezkanal Ägypten (siehe Karte auf S. 27). Das mochte zeitraubend sein, war aber ungleich sicherer. Der Nachschub aus dem Empire und den Commonwealth-Staaten gelangte ohnehin weitgehend ungefährdet von Osten über das Rote Meer an den Suezkanal. Einzig die Versorgung der Mittelmeerinsel Malta blieb schwierig und musste mit großen Geleitzügen sichergestellt werden. Mehrmals überlegte die Royal Navy, die Insel und damit das gesamte zentrale Mittelmeer aufzugeben, etwa nach dem italienischen Kriegseintritt im Sommer 1940 und erneut nach schweren Verlusten im Mittelmeer zur Jahreswende 1941/42. Letztlich entschied sich die Navy, Malta zu halten, denn schließlich war die Insel eine tragende Säule der britischen Herrschaft im Mittelmeer.

Da sich das Deutsche Reich und Italien nie auf eine Eroberung der Insel einigen konnten, blieb Malta für die »Achse« der große Störfaktor. Die Wege von Italien über das Mittelmeer waren zwar vergleichsweise kurz, aber so gefährlich, dass der strategische Nachschub stets um die Insel herumgeleitet werden musste (siehe Karte S. 72 f.). Zu Beginn war die italienische Regia Marina der britischen Mittelmeerflotte auf dem Papier zwar überlegen, doch beim britischen Luftangriff auf den Hafen von Tarent am 20./21. November 1940 verlor die italienische Flotte die Hälfte ihrer schweren Überwasserstreitkräfte. Bei Tarent zeigte sich auch, wie wenig Seestreitkräfte gegen Luftstreitkräfte ausrichten können. In der Seeschlacht am Kap Matapan am 28. März 1941 musste die italienische Marine weitere empfindliche Verluste hinnehmen. Gemeinsam mit deutschen U-Booten gelang es der Regia Marina allerdings, ihrerseits gegen Ende des Jahres 1941 der britischen Mittelmeerflotte größere Verluste zuzufügen. So vermochte lange Zeit keine Seite, die Seeherrschaft im zentralen Mittelmeer zu gewinnen. Erst ab August 1942 gewannen die Alliierten die Oberhand.

Die Konvois und den Geleitschutz für den Nachschub nach Nordafrika stellte ausschließlich die Regia Marina, da Italien nicht nur seine Streitkräfte, sondern auch die Zivilverwaltung und die Siedler in der *Libia Italiana* versorgen musste. Zudem war es für die deutsche Kriegsmarine mit Ausnahme der U-Boote unmöglich, mit größeren Seekräften durch die Straße von Gibraltar ins Mittelmeer durchzustoßen. Mit der Verlegung des X. Fliegerkorps nach Süditalien im Dezember 1940 konnten die Schiffe der »Achse« auch aus der Luft geschützt werden. Daneben beförderte die Luftwaffe verstärkt auch den deutschen Personalersatz nach Afrika. Während der Kämpfe in Tunesien 1942/43 kamen Dutzende Me-323 »Gigant« für den Material- und Treibstofftransport zum Einsatz. Dennoch blieb für das schwere Material der Seetransport entscheidend.

Zwei Faktoren bestimmten den Umfang des strategischen Nachschubs für die Achsen-Truppen: Das generell zur Verfügung gestellte Volumen sowie die Verluste zur See. Beide Faktoren hatten wiederum einen wesentlichen Einfluss auf die Operationen in der Wüste. Lief der Nachschub, hatte Rommel Erfolg, so vor allem bei seiner ersten Offensive von März bis Mai 1941 oder in der Schlacht von Gazala im Mai/Juni 1942. Wenn hingegen nur wenig von Italien nach Nordafrika geliefert werden konnte und wenn zudem britische U-Boote und Torpedoflugzeuge von Malta aus den Konvois höhere Verluste zufügten, verhungerte

Auf dem Flughafen El Aouiana bei Tunis wird ein Horch-901-Geländewagen aus einer Me-323 »Gigant« ausgeladen, dem größten Transportflugzeug des Zweiten Weltkriegs.

die Panzerarmee Afrika regelrecht. Besonders augenfällig war das während der britischen Großoffensiven im November/Dezember 1941 (Operation Crusader) und schließlich in den Schlachten von El Alamein 1942. Italien konnte wegen der geringen industriellen Kapazitäten kaum neue Schiffe nachbauen, sodass die schweren Verluste ab August 1942 nicht mehr kompensiert werden konnten. Zu diesem Zeitpunkt wirkte es sich immer verheerender aus, dass die Briten seit Sommer 1941 den italienischen und später auch den deutschen Funkverkehr entschlüsseln konnten (Tarnbezeichnung der Operation: »Ultra«).

Bis Ende 1942 erreichten insgesamt etwa 85 Prozent des Nachschubs zur See und über 90 Prozent des Nachschubs in der Luft ihren Bestimmungsort in Libyen. Erst während der Kämpfe in Tunesien fielen diese Zahlen auf gut 75 Prozent trotz der nun deutlich kürzeren Lieferwege über das Mittelmeer. Insgesamt sprachen die Zahlen aber durchaus für eine funktionierende Logistik, wenngleich in den zwei Jahren nur ein einziges Mal, im Mai 1942, der volle monatliche Nachschubbedarf gedeckt wurde.

Die häufigen Nachschubengpässe der »Achse« in Nordafrika mussten also noch andere Gründe als die Verluste bei der Überführung haben. Gemeint ist das Problem des operativen Nachschubs auf dem afrikanischen Kontinent; namentlich gab es Schwierigkeiten mit der mangelhaften Infrastruktur in der *Libia Italiana.* Problematisch war schon allein die geringe Kapazität der zur Verfügung stehenden Häfen Tripolis, Bengasi und Tobruk. So konnten in Tripolis, dem mit Abstand wichtigsten Hafen, gerade einmal vier Großschiffe gleichzeitig anlegen. Im Vergleich dazu wurden die britischen Kapazitäten von Alexandria, Port Said und Suez auf insgesamt 63 Schiffe geschätzt. Unter diesen Bedingungen ist es erstaunlich, welche Mengen an Nachschub die »Achse« überhaupt nach Nordafrika bringen konnte.

Die Briten hatten noch einen weiteren entscheidenden Vorteil: die Eisenbahn. Von Alexandria führte eine Verbindung bis Marsa-Matruh, also bis 230 Kilometer an die ägyptisch-libysche Grenze. Die Bahn erleichterte vor allem den Transport von schwerem Material. Mangels einer Eisenbahnlinie in Libyen lief der meiste Nachschub der »Achse« hingegen über die Via Balbia, eine gut ausgebaute Piste entlang der Küste. Tag und Nacht fuhren die Lastkraftwagen im Kolonnenverkehr. Für die 1650 Kilometer von Tripolis bis an die ägyptische Grenze mussten sie entsprechend viel Kraftstoff für den eigenen Verbrauch mitführen, vom Materialverschleiß einmal ganz abgesehen. Diese Kolonnen waren freilich ein bequemes Ziel der Royal Air Force. Welche Mengen an Nachschub auf diese Weise zwischen den Hafenstädten und der Front regelrecht versandeten, ist unklar. Sicher ist aber, dass der operative Nachschub – und dabei wiederum der Treibstoff für die deutschen Panzer – sich immer wieder als Hemmschuh für Rommels Kriegführung erwies. Die Eroberung gegnerischer Depots blieb oft das einzige Mittel, um die knappen Bestände aufzufüllen. Angesichts der zahlreichen logistischen Engpässe – sowohl beim strategischen als auch beim operativen Nachschub – ist es fraglich, ob die »Achse« überhaupt eine deutlich größere Landstreitmacht in Nordafrika hätte versorgen können.

Die Besonderheiten der Truppenversorgung setzten den Offensiven beider Seiten jeweils klare räumliche Grenzen. Der Militärtheoretiker Carl von Clausewitz hatte zu Beginn des 19. Jahrhunderts die These vom »Kulminationspunkt des Sieges« entwickelt. Demnach wird im Laufe einer Offensive ein Punkt erreicht, an dem die physischen und mora-

Eine deutsche Nachschubkolonne im Frühjahr 1941, wahrscheinlich in der Cyrenaika. Sämtlicher Nachschub musste mit LKW-Konvois über Hunderte von Kilometern von den libyschen Hafenstädten an die Front geschafft werden.

Seetransporte der »Achse« über das Mittelmeer nach Libyen (in Tonnen), Juni 1940 bis Dezember 1942

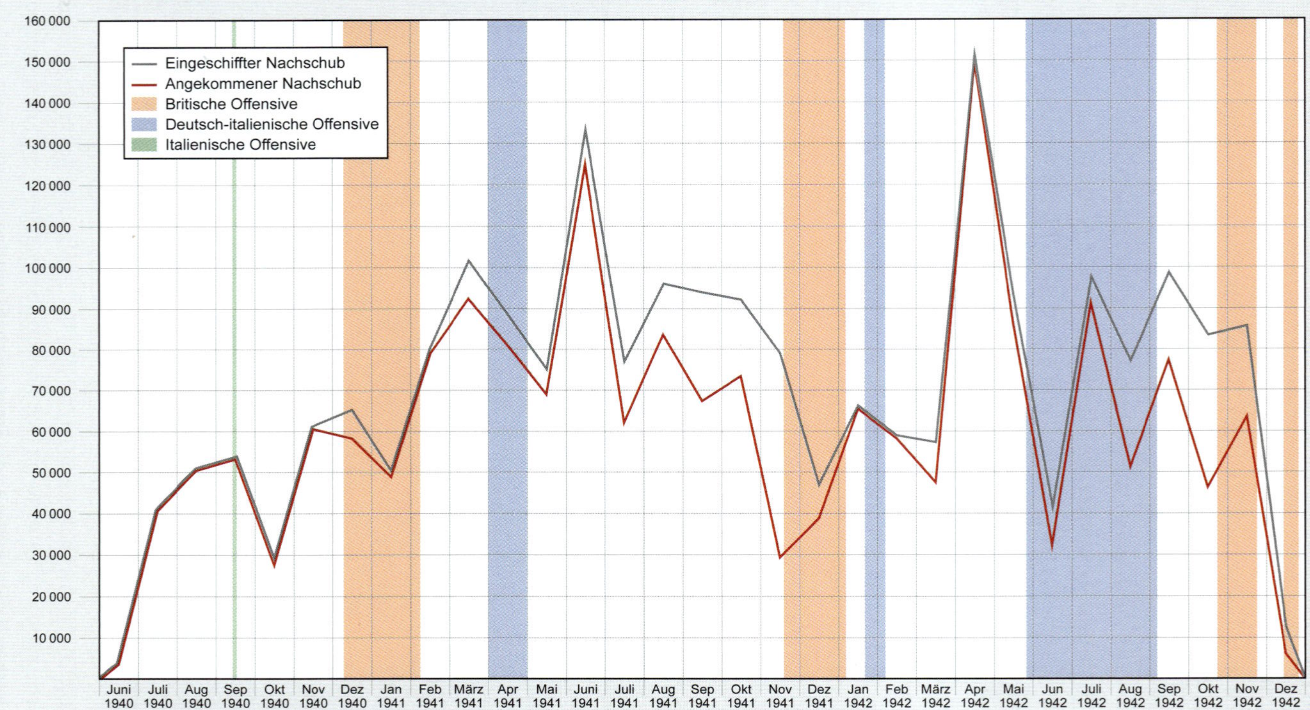

Quelle: La Marine Italiana nella Seconda Guerra Mondiale, Bd. 1, Dati Statistici, hrsg. v. Ufficio Storico della Marina Militare, Rom 1950, S. 116 bis 121.

lischen Kräfte des Verteidigers stärker werden als jene des Angreifers. Eine Ursache hierfür sei, dass der Angreifer sich von seinen »Quellen« entferne, »während sich der Gegner den seinigen nähert«. Mit anderen Worten: Dieser »Kulminationspunkt des Sieges« ist stets von den logistischen Reichweiten der jeweiligen Kriegspartei abhängig.

In Nordafrika war das nicht anders. Geografisch entscheidend war die Cyrenaika. In dieser Region im östlichen Libyen kamen zwei der drei Commonwealth-Offensiven bei El Agheila zum Stehen, also in 1100 Kilometer Entfernung von der letzten Bahnstation in Ägypten. Und auf der anderen Seite liefen sich zwei der drei Offensiven der »Achse« im ägyptisch-libyschen Grenzraum fest. Nur zweimal wurde Clausewitz widerlegt: Im Sommer 1942 stieß Rommel bis El Alamein vor und überdehnte damit seine Nachschublinien dermaßen, dass eine Niederlage fast schon unausweichlich schien. Und im Herbst 1942 vertrieb Montgomery nach seinem Erfolg bei El Alamein die Deutsch-Italienische Panzerarmee endgültig aus Ägypten und anschließend aus Libyen. Zu diesem Zeitpunkt erfreute er sich aber einer so erdrückenden Überlegenheit in Bezug auf Mann und Material, dass er auch genügend Ressourcen für einen riesigen Logistikapparat abstellen konnte.

← Die Grafik verdeutlicht, wie sehr die militärischen Erfolge der »Achse« mit der Nachschubsituation über das Mittelmeer zusammenhingen. Rommels Verbände waren vor seinen erfolgreichen Offensiven im Frühjahr 1941 und im Mai/Juni 1942 gut versorgt. Hingegen erlebte die Panzerarmee Afrika stets Rückschläge, wenn nicht genug Nachschub nach Libyen kam, wie etwa bei der britischen Offensive »Crusader« Ende 1941 und den drei Alamein-Schlachten im Sommer und Herbst 1942. Auffällig ist zudem, dass die »Achse« immer dann hohe Verlustzahlen auf See verbuchen musste, wenn deutsche Fliegerkräfte vom Mittelmeer für Großoffensiven an die Ostfront abgezogen wurden. Das betraf die zweite Jahreshälfte 1941 beim Angriff auf die Sowjetunion (Unternehmen »Barbarossa«) sowie die zweite Jahreshälfte 1942 bei der Sommeroffensive auf Stalingrad und den Kaukasus (Unternehmen »Blau«).

VICHY-FRANKREICH
(ab Nov. 1942 von der »Achse« besetzt)
PORTUGAL
LISSABON
MADRID
SPANIEN
Barcelona
Valencia
Cartagena
Malaga
Gibraltar (brit.)
Tanger
Genua
Toulon
Korsika
Sardini
Cagliari
Balearen
Mittelmeer
SPAN. MAROKKO
Oran
ALGIER
RABAT
MAROKKO
(zu Vichy-Frankreich)
ALGERIEN
(zu Vichy-Frankreich)
Bizerta
TUNIS
Sousse
Sfax
Gabes
TUNESIEN
(zu Vichy-Frankreich)
Die Feldzüge in Nordafrika mit Hauptnachschubrouten
Hauptrouten der britischen Nachschubkonvois
Hauptrouten der italienisch/deutschen Nachschubkonvois
Italienische Küstenstraße »Via Balbia«
Wichtige Eisenbahnlinien
Bedeutende Seeschlacht
Landungsorte »Operation Torch«
Luftschirm des »Flugzeugträgers« Malta
0 100 200 300 400 500 km
Quellen: Das Deutsche Reich und der Zweite Weltkrieg, Bd. 3, S. 604/605; Wegweiser zur Geschichte – Nordafrika, S. 109.
Eisenhower
8.11.42 – 11.11.42
»Operation Torch«
Anderson (Eisenhower)
12.11.42 – 30.11.42
Anderson (Alexander/Eisenhower)
23.4. – 13.5.43

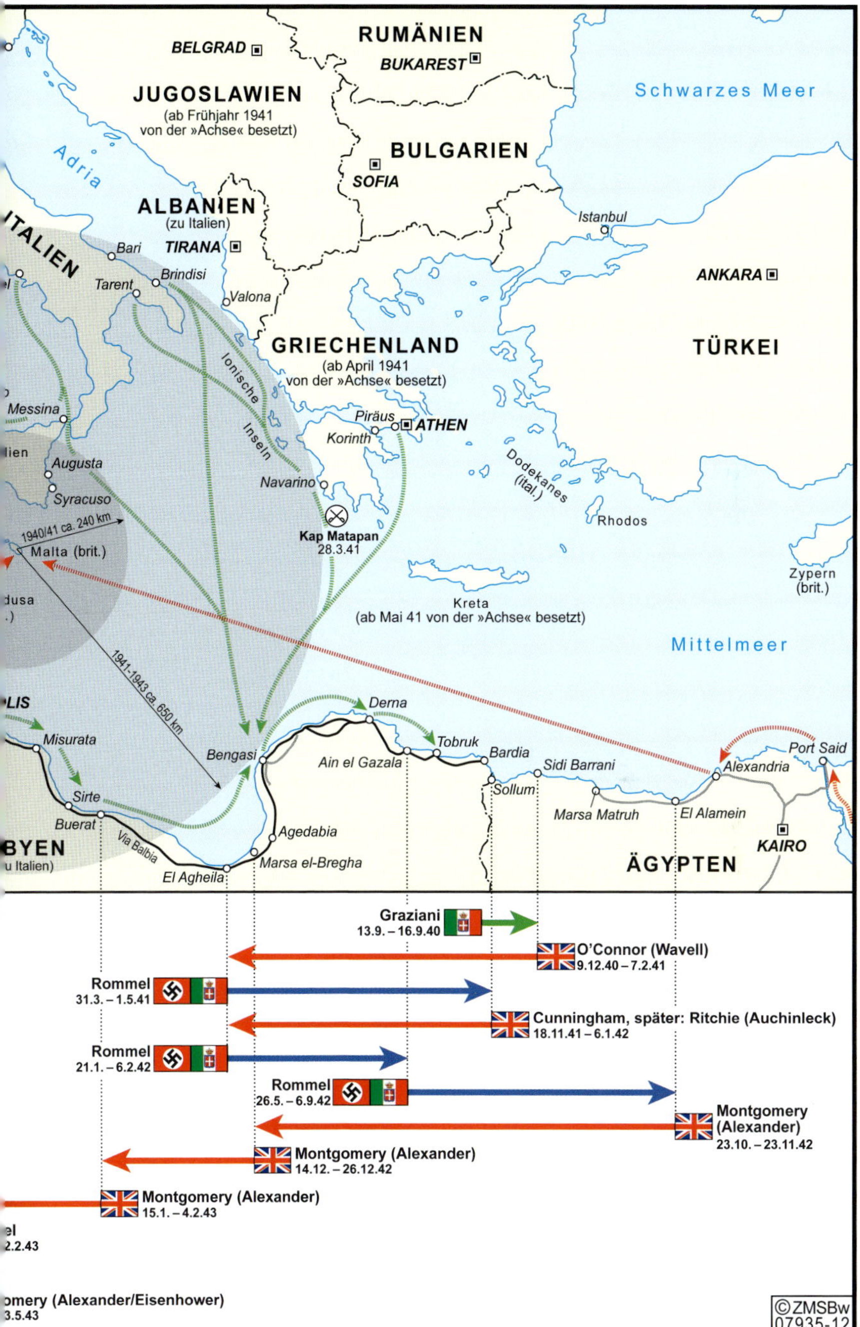

BELGRAD
RUMÄNIEN
BUKAREST
Schwarzes Meer
JUGOSLAWIEN
(ab Frühjahr 1941
von der »Achse« besetzt)
Adria
BULGARIEN
SOFIA
ALBANIEN
(zu Italien)
TIRANA
Istanbul
Bari
Tarent
Brindisi
Valona
ANKARA
GRIECHENLAND
(ab April 1941
von der »Achse« besetzt)
TÜRKEI
Ionische
Inseln
Messina
Piräus
ATHEN
Korinth
Augusta
Syracuso
Navarino
Dodekanes
(ital.)
Rhodos
1940/41 ca. 240 km
Malta (brit.)
Kap Matapan
28.3.41
Zypern
(brit.)
Kreta
(ab Mai 41 von der »Achse« besetzt)
Mittelmeer
1941-1943 ca. 650 km
Derna
Misurata
Tobruk
Bengasi
Ain el Gazala
Bardia
Sidi Barrani
Port Said
Alexandria
Sollum
Sirte
Marsa Matruh
El Alamein
Buerat
Agedabia
KAIRO
Via Balbia
Marsa el-Bregha
ÄGYPTEN
El Agheila
Graziani
13.9. – 16.9.40
O'Connor (Wavell)
9.12.40 – 7.2.41
Rommel
31.3. – 1.5.41
Cunningham, später: Ritchie (Auchinleck)
18.11.41 – 6.1.42
Rommel
21.1. – 6.2.42
Rommel
26.5. – 6.9.42
Montgomery
(Alexander)
23.10. – 23.11.42
Montgomery (Alexander)
14.12. – 26.12.42
Montgomery (Alexander)
15.1. – 4.2.43
(Alexander/Eisenhower)
©ZMSBw
07935-12

➚ Deutsche Soldaten in einem zerstörten Straßenzug im eroberten Tobruk, Juni 1942

6 Kriegsverlauf

Der italienisch-britische Krieg: Herbst 1940 bis Januar 1941

Im August 1940 schien die Tür für den »Duce« weit offen zu stehen. Italienische Truppen hatten Britisch-Somaliland erobert, der Grundstein für ein großes italienisches Kolonialreich in Nordostafrika war gelegt. Als Nächstes standen Ägypten und anschließend der Sudan auf der Agenda. Das italienische Militär schätzte die Chancen auf eine schnelle Eroberung des Suezkanals sogar als relativ gut ein. Doch die mangelhafte Ausstattung seiner Streitmacht ließ den »Generalgouverneur von Italienisch-Libyen und Oberbefehlshaber der Italienischen Streitkräfte in Nordafrika«, Marschall Rodolfo Graziani, dann doch skeptisch werden. In den folgenden Wochen zögerte er daher immer wieder den Angriff hinaus, bis Mussolini schließlich der Geduldsfaden riss. Er befahl Graziani explizit den Beginn der »Operazione Alessandria« (Unternehmen Alexandria).

Folglich überschritt am 13. September die italienische 10. Armee die Grenze nach Ägypten. Auf dem Papier zählte sie 92 000 Soldaten mit gut 300 (allerdings meist völlig veralteten) Panzern sowie 490 Flugzeugen, schien also dem Feind numerisch eindeutig überlegen. Die Italiener trafen auf einen schlecht vorbereiteten Gegner der britischen Western Desert Force mit nur zwei Divisionen (7. Panzerdivision und 4. Indische Division), also lediglich 36 000 Mann mit 85 Panzern und etwa 200 Flugzeugen. Diese deutlichen quantitativen Unterschiede verdeckten jedoch nur die strukturellen Probleme der italienischen Streitmacht, insbesondere bei der Ausrüstung und der Motorisierung. Zudem bestand ein Fünftel der 10. Armee aus libyschen Kolonialtruppen, deren Kampfwert gering war.

Nach nur drei Tagen kam die italienische Offensive bereits gut 100 Kilometer hinter der Grenze bei Sidi Barrani zum Stehen. Gekämpft wurde allerdings kaum, denn angesichts der erdrückenden italienischen Übermacht waren die Briten sofort nach Osten ausgewichen. Damit verkürzten sie ihre Nachschubwege, während die Italiener die ihrigen immer weiter überdehnten. Die italienische Offensive fand somit wegen der beschränkten logistischen Reichweiten ihr schnelles Ende.

Mussolini drängte nun auf eine Fortsetzung der Offensive in Richtung Alexandria, doch Graziani winkte ab: »Logistische Probleme«, lautete sein Argument. Stattdessen befahl er seinen Truppen, um Sidi Barrani befestigte Lager zur Rundumverteidigung zu errichten, ganz im Stile eines klassischen Kolonialkriegs. Graziani schien nicht zu verstehen, dass gegen die British Army eine andere Art von Kriegführung gefragt war.

Die Rechnung erhielt er nur knapp drei Monate später. Churchill ließ Verstärkungen nach Nordafrika transportieren, um möglichst bald zur Offensive übergehen zu können. So lief unter größter Geheimhaltung die »Operation Compass« an. In der Nacht zum 9. Dezember griff der Befehlshaber der Western Desert Force, Lieutenant General Richard O'Connor, mit seinen drei Divisionen bei Nibeiwa und tags darauf bei Sidi Barrani an. Der Überraschungscoup gelang vollständig, die Briten überrannten die italienischen Lager innerhalb von nur 24 Stunden, sodass die italienische 10. Armee überhastet die Flucht in Richtung Grenze ergriff. Das war aber nur der Anfang. Als Nächstes fiel das stark befestigte Bardia, am 22. Januar 1941 sogar die Festung Tobruk. Die Schlacht bei Beda Fomm am 6./7. Februar mündete schließlich in eine vernichtende Niederlage für die Italiener. Die Briten hatten am Ende

Italienische Invasion in Ägypten und die »Operation Compass«, 1940/41

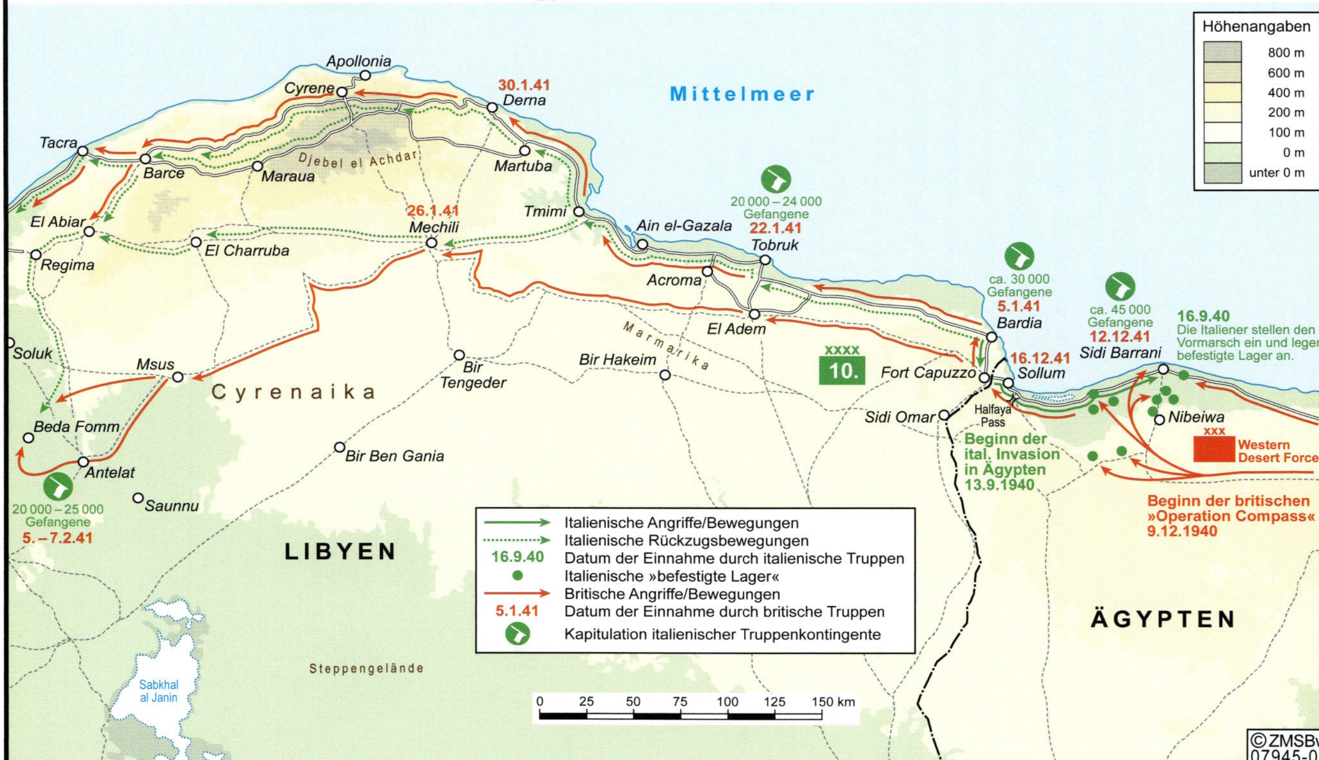

von »Compass« knapp 2000 Mann Verluste zu beklagen, die Italiener hingegen zwischen 125 000 und 150 000 Mann, etwa 90 Prozent davon waren aber Gefangene. Die italienische 10. Armee hatte sich aufgelöst, und die Herrschaft über die *Libia Italiana* stand kurz vor dem Zusammenbruch.

»Compass« brachte den ersten richtigen Sieg der Briten zu Lande in diesem Krieg, was der Army sowie der britischen Öffentlichkeit ein wenig Selbstvertrauen zurückgab. Zudem war »Compass« der erste »Blitzfeldzug« in Nordafrika, noch vor dem Erscheinen der Wehrmacht auf diesem Kriegsschauplatz. Trotz deutlicher numerischer Unterlegenheit verstand es O'Connor, seine Panzerkräfte konzentriert einzusetzen und anschließend den Durchbruch durch schnelles Nachstoßen auszunutzen. Aus eigener Initiative packte der General die sich bietenden Ge-

Britische Matilda-II-Panzer. Die »Queen of the Desert« dominierte das Schlachtfeld in der Anfangsphase des Kriegs in Nordafrika, vor allem in der »Operation Compass«.

legenheiten beim Schopf, ohne vorher lange mit seinen Vorgesetzten Rücksprache zu halten. O'Connors Vorgehen passte so gar nicht in das ansonsten auf Schemata, Sicherheit und Materialüberlegenheit basierende Konzept der British Army. Zudem zeigte sich der britische Matilda-II-Panzer allen italienischen Modellen weit überlegen, sodass sich unter den Italienern ein regelrechtes »Matilda-Trauma« breitmachte. Sie fanden kein Mittel, um die »Queen of the Desert« zu überwinden.

Viel ist seither debattiert worden, ob »Compass« den Krieg in Nordafrika bereits frühzeitig hätte beenden können. Obwohl er anfangs von der britischen Öffentlichkeit umjubelt wurde, entzündete sich die Diskussion alsbald an der Person von General Archibald Wavell, dem Oberbefehlshaber des Middle East Command. Er hatte »Compass« ursprünglich nur als ein kleines Unternehmen von fünf Tagen geplant. Vom günstigen Verlauf der Offensive völlig überrascht, war er dann nicht bereit, den Feldzug mit weiteren Ressourcen zu unterstützen. Stattdes-

Lieutenant General Sir Archibald Wavell (r.), Oberbefehlshaber des Middle East Command, und Lieutenant General Richard O'Connor, Befehlshaber der Western Desert Force, Januar 1941

sen zog er die erprobte 4. Indische Division aus der Front und ersetzte sie durch die unerfahrene 6. Australische Division. Trotzdem ging der Vormarsch weiter, sodass Wavells Untergebener O'Connor nach der Eroberung der Cyrenaika bis nach Tripolis vorstoßen wollte, um damit den Krieg in Nordafrika zu beenden. Nach dem Krieg klagte O'Connor, Wavell habe ihn zurückgehalten. Auch einige Historiker haben Wavells Entscheidung als einen schweren Fehler bezeichnet. Darin liegt viel Wahrheit. Wavells Verteidiger argumentieren jedoch mit zwei Überlegungen. Erstens ist es fraglich, ob O'Connors Western Desert Force – obgleich zahlenmäßig eine kleine Streitmacht – über die weiten Strecken überhaupt logistisch vernünftig versorgt hätte werden können. Zweitens bestand ein Problem darin, dass Churchill unklare strategische Vorgaben gemacht hatte. Es schien so, als wolle er die Italiener nicht unbedingt aus Nordafrika vertreiben.

Vielmehr legte der Premier nun einen neuen Schwerpunkt auf Abessinien und den Balkan. Das Ergebnis dieses britischen Strategiewechsels war durchwachsen. Ab Januar 1941 griffen britische, indische und südafrikanische Truppen in einem Zangenangriff aus dem Sudan und aus Kenia das italienische Kolonialreich in Ostafrika an. Der Feldzug endete im Mai 1941 mit der italienischen Kapitulation und der Rückkehr des abessinischen Kaisers Haile Selassie, dem Großbritannien seit Mussolinis Invasion 1935/36 Unterschlupf gewährt hatte. Dem britischen Erfolg in Abessinien standen aber empfindliche Niederlagen

Infanteriedivisionen im Vergleich, Nordafrika 1940

Infanteriedivision	Italien	Großbritannien
Personalstärke	11 000	13 800
Maschinengewehre	494	700
Panzerbüchsen	–	361
Mörser	123	126
Panzerabwehrkanonen	8	27
Geschütze	56	72
LKW	398	1 548
Leicht gepanzerte Fahrzeuge	–	168

Eine italienische Infanteriedivision war 1940 ihrem britischen Pendant nicht nur an Personal, sondern vor allem an Feuerkraft (Maschinengewehre, Geschütze), panzerbrechenden Waffen (Panzerbüchsen, Panzerabwehrkanonen) und vor allem Beweglichkeit (LKW's, leicht gepanzerte Fahrzeuge) weit unterlegen.

Quelle: Le Operazioni in Africa Settentrionale, Bd. 1, S. 47.

gegen die Wehrmacht in Griechenland gegenüber, zunächst auf dem Festland im April, anschließend auf Kreta im Mai 1941. Der Balkan-Einsatz kostete die Briten 26 000 Mann; das waren zweieinhalbmal so viele Verluste, wie sie in den ersten neun Monaten in Nordafrika erlitten hatten.

Das deutsche Eingreifen und die Folgen: Frühjahr bis Ende 1941

Im Frühjahr 1941 lag der britische Fokus also keineswegs auf dem nordafrikanischen Kriegsschauplatz. Zu diesem Zeitpunkt standen nur wenige und überdies noch weitgehend kampfunerfahrene Truppen in der Cyrenaika. Das muss man wissen, um die folgende Wende in Libyen zu verstehen. Um den Kollaps des italienischen Verbündeten zu verhindern, schickte Hitler deutsche Truppen nach Nordafrika (»Unternehmen Sonnenblume«), die ab dem 12. Februar 1941 unter dem Kommando von Rommel dort ankamen. Ihm gab Hitler den Befehl, sich ausschließlich defensiv zu verhalten und ein weiteres Vordringen der Briten nach Westen zu verhindern. Der italienische Generalstab war gleicher Meinung; Rommel waren daher nur kleinere Angriffe erlaubt.

Obwohl sein Deutsches Afrikakorps noch gar nicht vollständig in Libyen eingetroffen war, entschied sich Rommel aber sogleich und eigenmächtig für eine Offensive. Dabei riss er auch das Kommando über die italienischen Truppen regelrecht an sich. Rommels Ziele waren weit gesteckt, denn er plante die komplette Wiedereroberung der Cyrenaika. Am 31. März 1941 begann der Angriff. Obschon viel improvisiert werden musste und die einzelnen Einheiten scheinbar unkoordiniert durch die Wüste vorrückten, gelang der Coup. Rommel lag instinktiv richtig und erwischte die völlig überraschten Briten auf dem falschen Fuß. Nach nur einer Woche hatte er sein Ziel erreicht und die Cyrenaika wieder eingenommen. Erstaunlich war dabei auch, dass die soeben noch vernichtend geschlagenen Italiener an der Seite ihrer deutschen Verbündeten wieder neues Selbstvertrauen gewannen. Mit dem Fiat 13/40 hatten sie zudem einen neuen Panzer zur Verfügung, um ihr »Matilda-Trauma« zu überwinden. Die Briten konnten zwar eine vollkommene Einschließung ihrer Kräfte verhindern, mussten aber einen herben Verlust ver-

Tripolis, 14. Februar 1941: Die ersten Verbände des Deutschen Afrikakorps treffen in Libyen ein. Generalleutnant Erwin Rommel mit dem Generalgouverneur von Libyen, General Italo Gariboldi (l.)

kraften: General O'Connor geriet in Kriegsgefangenschaft, sodass ein sehr fähiger britischer Panzergeneral außer Gefecht war.

Der ganz große Erfolg blieb Rommel verwehrt – die Festung Tobruk konnte er nur einschließen, nicht aber nehmen. Dabei zeigten sich auch seine Schwächen als militärischer Vorgesetzter. Zum einen ließ er von Mitte April bis Anfang Mai immer wieder die frisch eingetroffenen Truppen einzeln und ohne vorherige Gefechtsaufklärung gegen die Festung anrennen – jeweils unter hohen Verlusten. Zum anderen geriet er in der Folge in einen handfesten Streit mit nahezu allen seinen Untergebenen. Aus dem OKH wurde fortan fundamentale Kritik an den angeblichen oder tatsächlichen Führungsdefiziten Rommels laut. Rommel hingegen forderte Verstärkungen, doch das OKH lehnte ab. Aus der Sicht des Generalstabschefs Franz Halder hatte sich Rommel eigenmächtig in eine schwierige Situation manövriert, und nun sollte er die Konsequenzen spüren. Davon abgesehen waren aufgrund der Vorbereitungen für den Angriff auf die Sowjetunion ohnehin sämtliche Res-

Rommels Frühjahrsoffensive, April 1941, und die »Operation Crusader«, November 1941 – Januar 1942

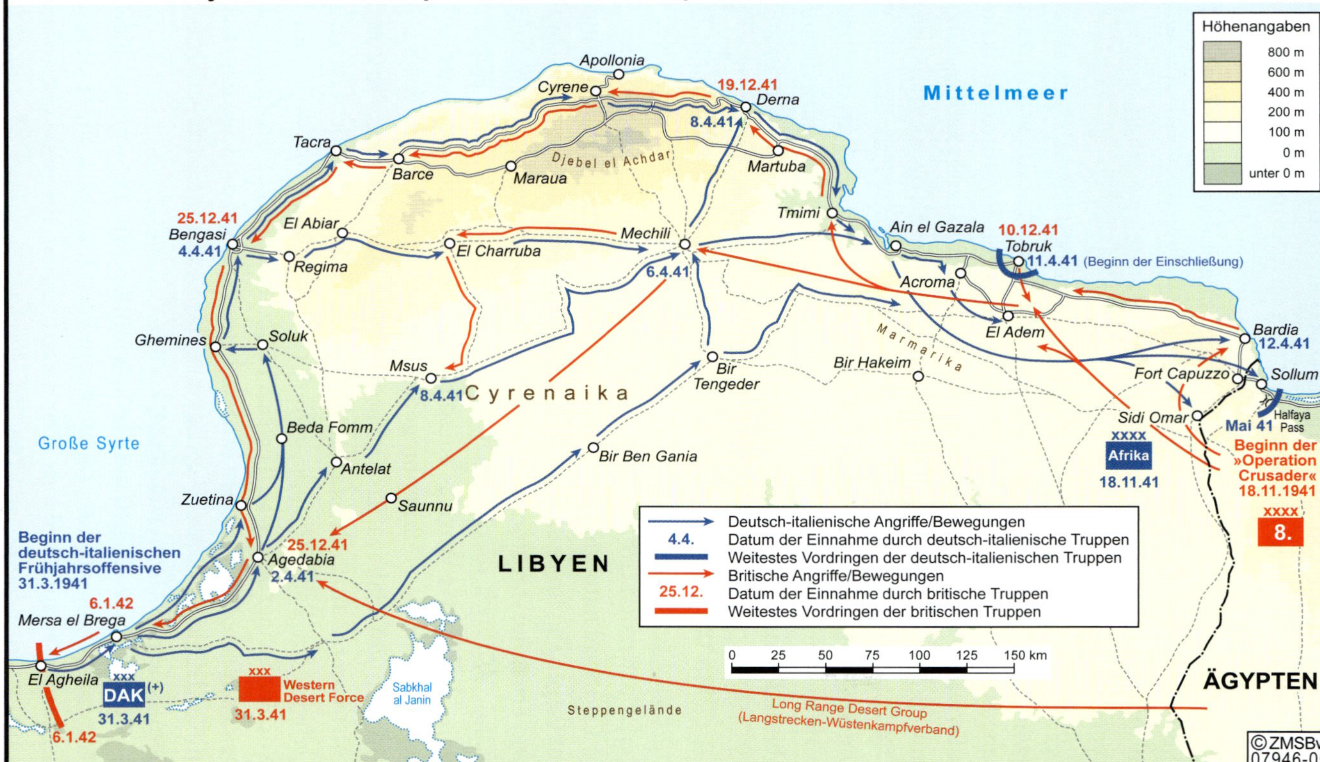

sourcen verplant. Ob die Kritik des OKH an Rommel rundum berechtigt war, ist aber fraglich. Zwar hielt sich die 15 000 Mann starke Garnison von Tobruk immer noch im Rücken der Front auf, doch hatten die Briten eine bittere Niederlage erlitten. Die italienische Herrschaft in Libyen war nicht zusammengebrochen, sondern die Cyrenaika wieder in ihrer Hand. Die Ankunft Rommels brachte also zweifelsohne eine Wende in Nordafrika.

Das sollten auch die folgenden Ereignisse bestätigen. Dank abgefangener Funksprüche waren die Briten sehr bald über die wahre numerische Stärke (oder besser gesagt: Schwäche) von Rommels Afrikakorps informiert. Churchill wollte daher keine Zeit verstreichen lassen, um mit einem Gegenschlag zumindest das belagerte Tobruk zu entsetzen. Die kommenden Kämpfe spielten sich am Halfaya-Pass und der Küstenstraße bei Sollum ab. Zwar konnten die Briten den Pass im Zuge der »Operation Brevity« (15.–16. Mai 1941) nehmen, doch kurz darauf eroberte Rommel ihn mit dem »Unternehmen Skorpion« wieder zurück (26.–27. Mai 1941). Mittels der »Operation Battleaxe« (15.–17. Juni 1941) versuchte Wavell erneut, in den Besitz des Passes zu kommen. Doch trotz größter Mühen samt massivem Materialeinsatz scheiterte er und verlor dabei den Großteil der soeben erst neu zugeführten Panzer.

Churchill hatte nun die Nase voll und versetzte Wavell nach Indien. Im Gegenzug holte er von dort Lieutenant General Claude Auchinleck und ernannte ihn zum neuen Oberbefehlshaber des Middle East Command. Wirklich revolutionär war der Schritt nicht, denn Auchinleck war – ähnlich wie Wavell – ein solider, aber keinesfalls überragender General. Rommels Stellung hingegen war nun unantastbar. Nach seinen Erfolgen am Halfaya-Pass verstummten seine zahllosen Kritiker im OKH vorerst. Auch der italienische Generalstab sprach dem frisch zum General der Panzertruppe beförderten Rommel sein Vertrauen aus. Noch wichtiger aber war, dass sich Hitler in seiner Personalwahl vollauf bestätigt sah. Mit geringen Mitteln hatte Rommel die Lage der »Achse« in Nordafrika verbessert, sodass sich der Diktator fortan gänzlich ›seinem‹ Krieg im Osten zuwenden konnte.

Der deutsche Angriff auf die Sowjetunion am 22. Juni 1941 hieß für Rommel vor allem eines: Mit weiteren Verstärkungen, wie er sie forderte, konnte er auf absehbare Zeit nicht rechnen, die neue Ostfront verschlang sämtliche Ressourcen. Im Herbst 1941 wurde daher der Nach-

Ein italienischer Hauptmann (Mitte) und Soldaten der Panzerdivision »Ariete« während der britischen Großoffensive »Crusader«. Die »Ariete« galt als eine der besten Divisionen des italienischen Heeres.

schub für Nordafrika rapide eingeschränkt, die Panzergruppe Afrika musste von ihren eigenen Beständen leben. Frustriert beklagte Rommel, seine Verbände würden wie Stiefkinder behandelt. Die italienischen Verstärkungen konnten diesen Mangel nur ungenügend kompensieren.

In diese missliche Lage fiel die nächste britische Großoffensive, die »Operation Crusader«. Nach dem Ende des Feldzugs in Ostafrika hatte Auchinleck den Großteil seiner Truppen in Nordafrika konzentriert, seine Streitkraft war nun sowohl personell als auch in Bezug auf das Material numerisch dem Feind klar überlegen. Bei den Panzern beispielsweise lag das Verhältnis bei 2 zu 1. Vor allem aber waren Auchinlecks Truppen gut versorgt, Nachschubprobleme waren unbekannt. Churchill drängte daher so lange zum Angriff, bis der anfangs zögerliche Auchinleck schließlich nachgab und der neu gebildeten 8. Armee unter Lieutenant General Alan Cunningham den Befehl zum Angriff gab. Auchinleck hatte für das Unternehmen »Crusader« drei Ziele vor Augen:

erstens die Zerstörung der feindlichen Panzerkräfte und – als Folgeziele – zweitens die Wiedereroberung der Cyrenaika sowie drittens einen weiteren Vormarsch nach Tripolis.

Mit »Crusader« wendete sich abermals das Blatt in Nordafrika. Als die Offensive ab dem 18. November anlief, mussten die Commonwealth-Truppen zunächst starke Verluste hinnehmen, weil Rommel sofort zum Gegenschlag ausholte. Alles sah nach einem deutschen Abwehrerfolg aus. Cunningham wollte daher die Operation »Crusader« einstellen, doch Auchinleck bestand auf einer Fortführung der Offensive und löste Cunningham ab. Rommels Gegenangriffe hingegen erwiesen sich bald als Pyrrhussiege; die hohen eigenen Verluste konnte er in dieser Materialschlacht nicht kompensieren. So gelang der 8. Armee unter der Führung ihres neuen Oberbefehlshabers, des erst 44-jährigen Lieutenant General Neil Ritchie, der Durchbruch. Das belagerte Tobruk wurde entsetzt und darüber hinaus die gesamte Cyrenaika wieder eingenommen. Wie schon zu Beginn des Jahres 1941 kam jedoch der britische Vormarsch zur Jahreswende 1941/42 abermals bei El Agheila zum Erliegen.

Das Resultat von »Crusader« war dennoch in vielerlei Hinsicht bemerkenswert. Es handelte sich um die erste erfolgreiche Offensive der Briten gegen die Wehrmacht in diesem Krieg, und sie nahmen auch erstmals zwei deutsche Generäle gefangen; zwei weitere fielen bei dieser Operation. Damit hatte die Wehrmacht vier ihrer acht Generäle in Nordafrika verloren. Es war ohnehin ein Merkmal dieses fluiden Kriegsschauplatzes, dass beide Seiten unverhältnismäßig hohe Verluste unter der Generalität zu beklagen hatten.

Rommels »Siegeslauf«: Januar bis Juni 1942

Nach der Operation »Crusader« folgte erneut eine schnelle und überraschende Wende. Rommels Nachrichtendienst fand heraus, dass die Briten wegen der hohen Verluste die Front nur schwach besetzt hatten und stattdessen die meisten Truppen Hunderte von Kilometern entfernt im Hinterland lagen. Wieder erkannte Rommel, dass es diese Schwäche des Gegners auszunutzen galt, und so schlug am 21. Januar 1942 die Panzergruppe Afrika mit ihren italienischen Verbündeten erneut zu. Rommel hatte weder seine deutschen noch seine italienischen Vorgesetzten von seinen Angriffsabsichten unterrichtet. Die einzige Ausnahme war der Stabschef des Oberbefehlshabers der italienischen Truppen in Nordafrika. Der Oberbefehlshaber selbst, Ettore Bastico, war hingegen nicht informiert.

Gegenüber dem italienischen Verbündeten war Rommels Verhalten wieder einmal ein Affront sondergleichen. Der italienische Generalstabschef Cavallero erschien sogar persönlich in Nordafrika, um Rommels Offensive zu stoppen. Doch Letzterer weigerte sich einfach, denn der Angriff machte sehr gute Fortschritte. Um seine Autorität nicht völlig zu verlieren, befahl der italienische Generalstab den eigenen Infanteriedivisionen, nicht an der Offensive teilzunehmen, sondern in ihren Verteidigungsstellungen zu verbleiben. So kamen lediglich die gepanzerten italienischen Divisionen zum Einsatz. In jenen Tagen kam es wahrscheinlich zur größten Krise im deutsch-italienischen Bündnis auf diesem Kriegsschauplatz. Doch Rommels schneller Erfolg nahm den Kritikern erneut den Wind aus den Segeln. Am 6. Februar 1942 war die Offensive in der Gazala-Stellung vor Tobruk beendet, die Cyrenaika nach nur gut zwei Wochen wiedergewonnen. Während die Wehrmacht

Deutsche Soldaten vor Tobruk, Juni 1942. Nach dem Durchbruch durch die britische Verteidigung an der Gazala-Stellung fiel die Festung Tobruk nur wenige Tage später.

an der Ostfront seit Anfang Dezember 1941 eine Krise nach der anderen erlebte, gelang Rommel in Nordafrika wieder ein Sieg. Die NS-Propaganda wusste dies entsprechend herauszustellen.

Bei genauerer Betrachtung war das Unternehmen aber nur ein Scheinerfolg, denn die Briten konnten ihre Truppen weitgehend unversehrt zurückziehen. Vor allem aber traf die Niederlage in der Operation »Crusader« und der nachfolgende Sieg in Rommels Offensive die Wehrmacht ziemlich hart. Von ursprünglich 65 000 Mann waren über 14 000 gefallen oder gefangen genommen worden. Bei den Italienern war die Lage noch übler. Von ihren anfangs 54 000 Mann hatten sie sogar 22 000 verloren, die meisten davon durch Gefangenschaft. Die Briten zählten zwar in absoluten Zahlen mehr Tote und Verwundete als ihre Gegner, doch lagen ihre Gesamtverluste bei nur rund 20 000 Mann. Mit 600 Panzern verloren sie zwar fast doppelt so viele Kampfwagen wie die »Achse«, aber das fiel bei ihrer Materialüberlegenheit nicht sonderlich ins Gewicht; auch ihre Menschenverluste konnten sie leichter ersetzen.

Nach der teuer erkämpften Wiedereroberung der Cyrenaika herrschte in der nordafrikanischen Wüste vorerst relative Ruhe. Beide Seiten waren erschöpft und mussten ihre Kräfte erst wieder sammeln. Der Fokus der »Achse« richtete sich daher nun auf den Luftkrieg, genauer gesagt auf Malta. Nach der Verlegung des II. Fliegerkorps ins Mittelmeer und der Bildung der Luftflotte 2 hatten die Luftwaffe und die Regia Aeronautica bereits Ende 1941 begonnen, die Angriffe auf die Mittelmeerinsel zu intensivieren. In der Folge gelang es der italienischen Marine, wieder vermehrt Nachschub nach Nordafrika zu bringen; die Verluste zur See tendierten von Januar bis Mai 1942 fast gegen null. Als im April die Luftoffensive gegen Malta ihren Höhepunkt erreichte und nur noch sechs britische Flugzeuge auf der Insel stationiert waren, schien die Festung sturmreif. Daher plante der italienische Generalstab eine Landung auf der Insel, für die er letztlich 62 000 (!) Mann vorsah. Die Fallschirmjägerdivision »Folgore« wurde eigens zu diesem Zweck aufgestellt und mit ausgesuchten Soldaten sowie entsprechendem Material ausgestattet. Die Italiener wollten ein für alle Mal das lästige Kapitel Malta beenden, um sich endlich reibungslos über das Mittelmeer mit Nachschub versorgen zu können.

Hitler und der Wehrmachtführungsstab hingegen sahen ein Landungsunternehmen auf Malta sehr skeptisch. Von Rommel gedrängt, setzten sie stattdessen auf eine neue Bodenoffensive in Nordafrika. Erst im Anschluss daran waren sie gewillt, das »Unternehmen Herkules« zur Eroberung von Malta zu starten. Da die Wehrmacht ab April 1942 große Teile der Luftwaffe für die Sommeroffensive an die Ostfront abzog, konnten die Briten ihre Truppen auf der Insel wieder verstärken. Weitgehend auf sich allein gestellt, war das italienische Militär nicht in der Lage, die Operation zu stemmen. »Herkules« wurde schließlich auf den Sankt-Nimmerleins-Tag verlegt.

Bis heute ist die Reihenfolge der Operationen kontrovers diskutiert worden: Wäre es sinnvoll gewesen, erst Malta zu erobern und dann Rommels Offensive zu starten? Oder in anderer Reihenfolge? In anderen Worten: Was war zu diesem Zeitpunkt wichtiger? Der strategische Nachschub über das Mittelmeer? Oder die militärischen Operationen in Nordafrika? Führt man sich die damalige deutsche Militärkultur mit ihrer Betonung auf dem Kampf und das Operieren größerer mobiler Verbände vor Augen, kann es kaum überraschen, dass die Logistik geringere Priorität hatte. Kurzfristig war das wahrscheinlich die richtige

Britische Soldaten gehen bei Tobruk in Gefangenschaft. Nur wenige Monate nach dem Fall von Singapur war Tobruk die zweite schwere Niederlage des britischen Empires.

Rommels Feldzüge bis nach El Alamein, Januar bis Juni 1942

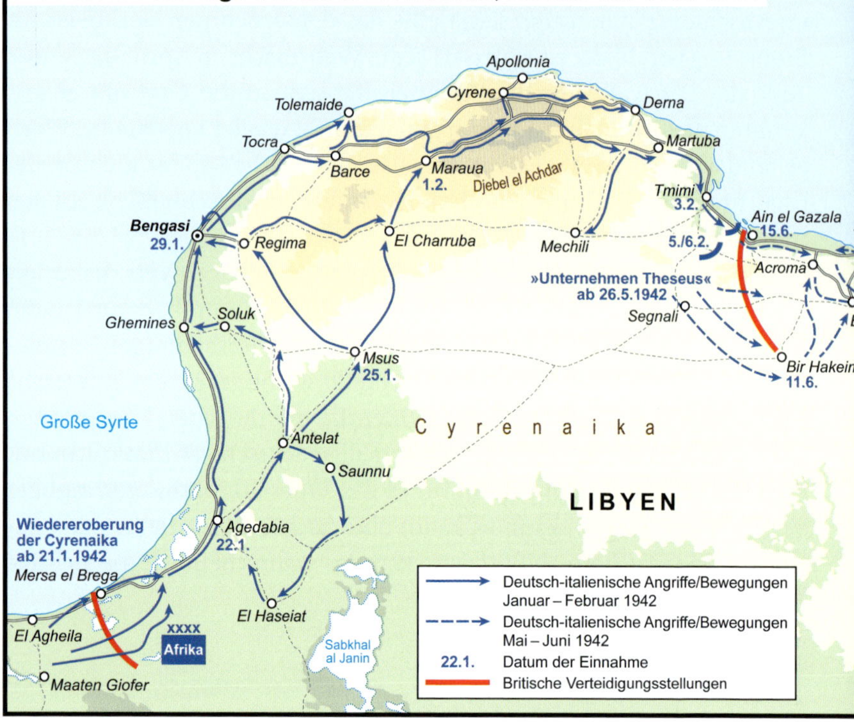

Entscheidung, auf lange Sicht hatte sie aber fatale Konsequenzen, wie die katastrophale Versorgungslage ab Sommer 1942 zeigte.

Zunächst jedoch konnte sich die Wehrmacht am eigenen Erfolg förmlich berauschen, denn der Sommer 1942 sah die größten Siege der Panzerarmee Afrika. Am 26. Mai 1942 trat sie zum Angriff auf die Gazala-Stellung an (»Unternehmen Theseus«). Dank der vorherigen Offensive gegen Malta waren die Wehrmacht und die italienische Armee in Nordafrika erstmals sehr gut versorgt. Besonders Rommel hatte auf einen schnellen Beginn der Offensive gedrängt, arbeitete doch seiner Meinung nach die Zeit gegen die eigene Position. Das war nicht aus der Luft gegriffen, denn in der Tat erhielt die 8. Armee unablässig Verstärkungen und war den Achsenmächten auf fast allen Gebieten bereits numerisch überlegen, außer – und das war entscheidend für die folgenden Operationen – in der Luft. Zudem hatten die Briten die Gazala-

Stellung mit einem System von Stützpunkten mit Minengürtel, den sogenannten *boxes*, befestigt, innerhalb derer sich Fahrzeuge bewegen konnten.

Diese *boxes* an der Gazala-Stellung hatten allerdings eine Schwäche: Sie erstreckten sich über eine zu kurze Distanz. Drei deutsche und eine italienische Division umgingen deshalb einfach die Stellung im Süden. Ganz nach Plan verlief die Operation zwar nicht. Mehrmals stand der Erfolg auf des Messers Schneide, auch weil sich die frei-französische Brigade in ihrer *box* bei Bir Hakeim lange und tapfer verteidigte. Letztlich aber brach die Gazala-Stellung zusammen, und das Deutsche Afrikakorps sowie das italienische XX. Korps rückten auf Tobruk vor. Besser gesagt: Sie fuhren daran vorbei und nahmen am 21. Juni die Festung überraschend von Osten her ein. Reiche Beute an Material und Versorgungsgütern fiel in die Hände der Panzerarmee Afrika.

Gut ein Jahr zuvor war Rommel vor Tobruk kläglich gescheitert, nun hatte er die Festung mit dem Hafen im Handstreich genommen. Es war sein größter Triumph. Im Führerhauptquartier herrschte Euphorie, weshalb Hitler Rommel nur einen Tag später zum jüngsten Generalfeldmarschall der Wehrmacht ernannte. Eine gute Woche später nahm Erich von Manstein an der Ostfront die Festung Sevastopol ein; auch er wurde zum Generalfeldmarschall befördert. Hitler wollte damit ein deutliches Zeichen setzen: Nach den Rückschlägen im Winter 1941/42 war seine Wehrmacht jetzt wieder an allen Fronten im Vormarsch. Erstmals schien der Diktator sogar ein wirkliches Interesse am Krieg in Nordafrika zu haben. Gegenüber Mussolini erklärte er, man müsse nun unermüdlich die 8. Armee weiterverfolgen, denn »die Göttin des Schlachtenglücks streicht an den Feldherren nur einmal vorbei«. In der Tat konnte Rommel den Gegner in nur einer Woche über die ägyptische Grenze zurückdrängen. Erst an der kleinen Bahnstation El Alamein versandete seine Offensive, lediglich 100 Kilometer vor Alexandria.

Höhepunkt der Karriere Rommels: Nach seinen Siegen im Sommer 1942 erhält er am 30. September 1942 von Hitler den Marschallstab.

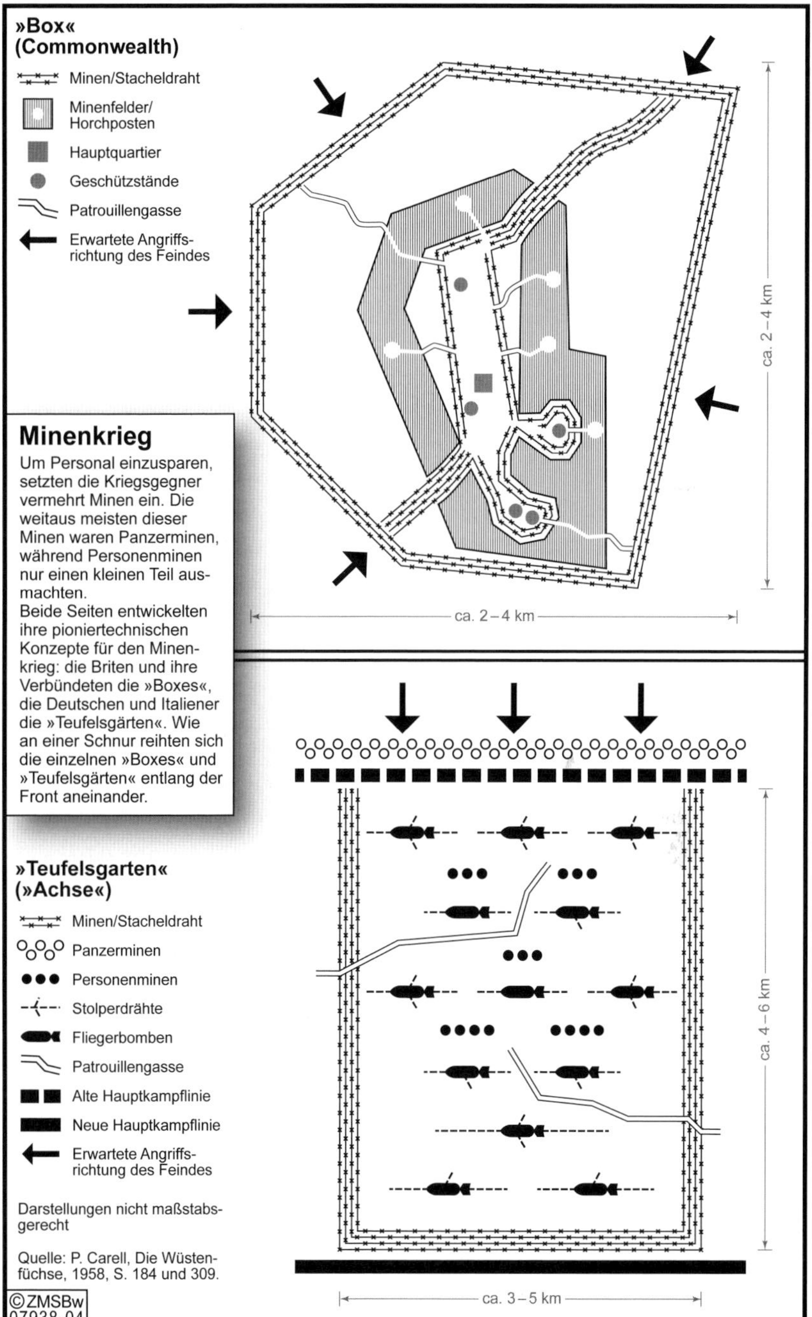

Minenkrieg

Um Personal einzusparen, setzten die Kriegsgegner vermehrt Minen ein. Die weitaus meisten dieser Minen waren Panzerminen, während Personenminen nur einen kleinen Teil ausmachten.
Beide Seiten entwickelten ihre pioniertechnischen Konzepte für den Minenkrieg: die Briten und ihre Verbündeten die »Boxes«, die Deutschen und Italiener die »Teufelsgärten«. Wie an einer Schnur reihten sich die einzelnen »Boxes« und »Teufelsgärten« entlang der Front aneinander.

Rommels Sieg bei Tobruk war ein klassisches Beispiel für die Möglichkeiten der preußisch-deutschen Militärdoktrin. Auch in Unterzahl konnte man durchaus einen überlegenen Gegner besiegen. Dazu musste aber eine Reihe von Bedingungen gegeben sein: gezielte Feindaufklärung, überraschendes Zupacken, schnelles Manövrieren beweglicher Kräfte, wendige Führung und ein perfektes Zusammenspiel der verschiedenen Waffengattungen und Teilstreitkräfte, also das sogenannte »Gefecht der verbundenen Waffen«. Die Initiative musste fest in der Hand gehalten werden. Gemäß diesen Leitlinien erzielte das deutsche Militär in beiden Weltkriegen erstaunliche taktische und auch operative Erfolge. In Nordafrika war es im Frühsommer 1942 nicht anders. So überwältigend die deutschen Siege im Einzelnen allerdings gewesen sein mögen, im Endeffekt verloren die Deutschen trotzdem den Krieg – auch in Nordafrika.

Wendepunkte: Die drei Schlachten von El Alamein, Sommer/Herbst 1942

Die Schlacht von El Alamein ist sicherlich eine der bekanntesten des Zweiten Weltkriegs. Weniger bekannt ist hingegen, dass es sich dabei eigentlich um drei Auseinandersetzungen handelte. In der Ersten (1.–27. Juli 1942) sowie in der Zweiten Schlacht (30. August bis 6. September 1942, auch: Schlacht von Alam Halfa) griff die Panzerarmee Afrika an. Erst in der Dritten Schlacht (23. Oktober bis 4. November 1942) erfolgte der entscheidende Gegenschlag der 8. Armee. Nur in der Zusammenschau dieser drei Schlachten wurde El Alamein zum wirklichen Wendepunkt des Krieges in Nordafrika.

Der Fall von Tobruk bedeutete für die Briten eine schwere Niederlage. »Eine Niederlage ist eine Sache, Schande eine ganz andere«, würde Churchill nach dem Krieg in seinen Memoiren schreiben. Er selbst musste sich im Unterhaus nun der Vertrauensfrage stellen, doch das Votum fiel mit 425 zu 25 Stimmen sehr deutlich zugunsten des knurrigen Premiers aus. Das änderte nichts an den schweren Verlusten der vergangenen Wochen. Etwa 60 000 Mann, davon allein knapp 35 000 in Tobruk, hatten die Briten verloren, dazu jede Menge an schwerem Material.

Die Erste Schlacht von El Alamein, 1.7.–27.7.1942

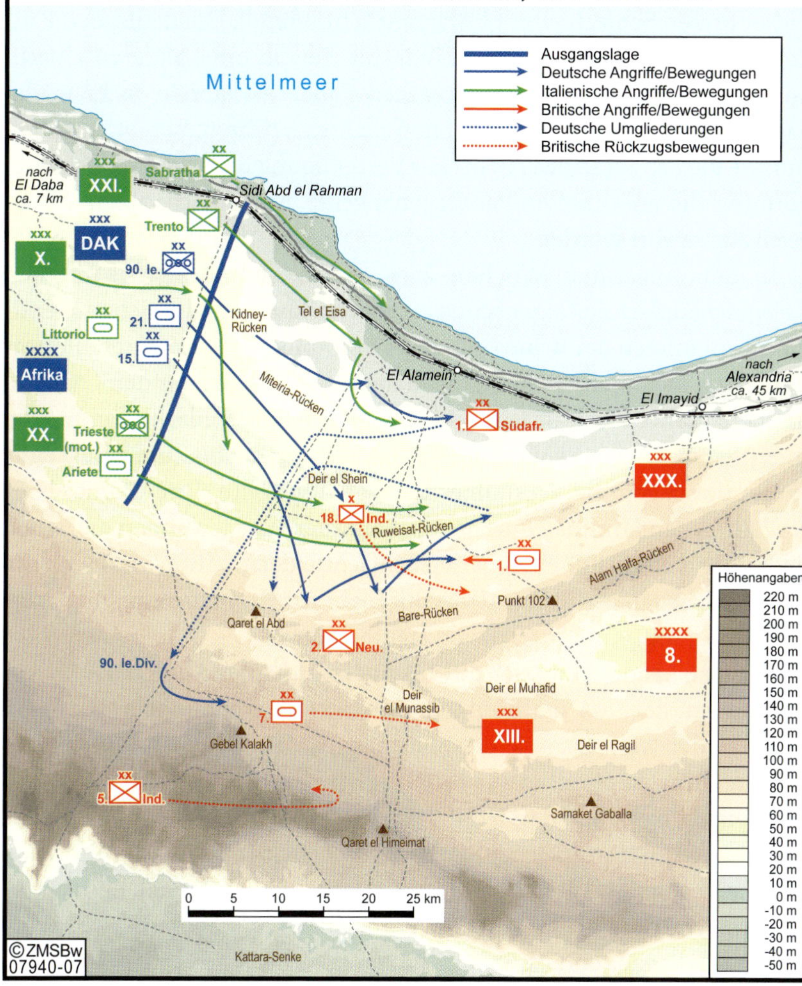

General Ritchie hatte keine glückliche Figur gemacht, sodass Auchinleck nun selbst die Führung der 8. Armee übernahm. Ihm gelang es, die völlige Niederlage zu verhindern. In der Gegend von El Alamein ließ er eine neue Verteidigungslinie aufbauen, basierend auf dem bereits bei Gazala angewandten Box-System. Die neue Verteidigungslinie war geschickt gewählt, denn die unpassierbare Kattara-Senke im Süden schützte die Front vor einer Umfassung. Rommel setzte daher noch aus der Bewegung zum Frontalangriff an. Dieser Versuch misslang aber in dieser Ersten Schlacht von El Alamein sehr schnell. Die deutschen Panzerverbände waren innerhalb kürzester Zeit in eine Materialschlacht verwickelt, während die italienischen Panzerdivisionen nicht in der Lage waren, die Angriffsoperationen alleine zu führen. Bereits am 4. Juli musste die Panzerarmee Afrika zur Verteidigung übergehen. Immerhin konnten die anschließenden Gegenangriffe Auchinlecks noch erfolgreich abgewehrt werden.

In den folgenden Wochen kam es auf dem nordafrikanischen Kriegsschauplatz zu folgenschweren Entwicklungen, die sich nun endgültig zugunsten der Briten und ihrer Verbündeten auswirkten. Betroffen waren die Luftherrschaft, die Materiallieferungen aus den USA und die Personalwechsel. Bereits während der Ersten Schlacht von El Alamein zeigte sich ein Phänomen, das die Wehrmacht bis zum Kriegsende im Kampf gegen die Westalliierten begleiten sollte: Ihre Gegner kontrollierten den Himmel. Bis zum Spätsommer 1942 gewannen die Briten endgültig die Lufthoheit über den Schlachtfeldern. Mitte Oktober hatte der deutsche Fliegerführer Afrika nur mehr 167 einsatzbereite Flugzeuge zur Verfügung, ein Drittel davon Jagdflugzeuge.

Auch zu Lande setzte sich die 8. Armee zunehmend durch. Die Hilfslieferungen der USA machten sich immer stärker bemerkbar, vor allem in Form der Grant- sowie der Sherman-Panzer. Die ersten Shermans kamen am 11. September 1942 in Suez an und halfen in der Folge, die Auseinandersetzungen in Nordafrika zu entscheiden. Da er zuverlässig und einfach zu warten war, übertraf der Sherman in seiner Kombination von Panzerung und Feuerkraft fast alle gegnerischen Modelle. Im Oktober 1942 verfügte die 8. Armee über 1000 Panzer insgesamt, wobei die neuen US-Panzer bereits über 50 Prozent des Bestandes ausmachten.

Schließlich gab es noch einen Wechsel in der Führungsspitze: Churchill war mit Auchinlecks Gegenoffensiven in der Ersten Schlacht von El Alamein sehr unzufrieden und schickte den General – wie schon seinen Vorgänger Wavell – nach Indien. Vielfach ist dieser Schritt als voreilig kritisiert worden. Jedenfalls wurde die Führung der britischen Streitkräfte im Nahen Osten wieder aufgeteilt. General Harold Alexander übernahm Anfang August den Middle East Command und Montgomery die 8. Armee. Zusätzlich wurden alle drei Kommandierenden Generäle der Armeekorps ausgetauscht. Montgomery glaubte, die aus seiner Sicht alte, verkrustete militärische Führungsschicht hinwegfegen und seine eigenen, leistungswilligen Offiziere in Schlüsselpositionen bringen zu müssen. Alexander ließ seinem Untergebenen Montgomery dabei weitgehend freie Hand. Daher ist es bis heute der Name Montgomery, der mit dem britischen Sieg bei El Alamein in Verbindung gebracht wird. Der neue Oberbefehlshaber gab sowohl seinen Vorgesetzten als auch seinen Soldaten sehr schnell das Gefühl, endlich der richtige Mann für Nordafrika zu sein. Militärisch versuchte er – anders als seine

Zwei Faktoren für die endgültige Wende in Nordafrika: Der neue Oberbefehlshaber der 8. Armee, Lieutenant General Montgomery, und ein Panzer des neuen US-Modells M3 Grant

Vorgänger – erst gar nicht, den Bewegungskrieg der Wehrmacht zu kopieren, sondern vertraute konsequent auf die Stärken der British Army: Material und Feuerkraft.

Auf deutscher Seite stand es militärisch ab Spätsommer 1942 nicht mehr gut. Mit Beginn der deutschen Sommeroffensive in Russland (»Unternehmen Blau«) war die Panzerarmee Afrika wieder weiter nach unten auf der Prioritätenliste Hitlers und des OKH gerutscht. Im Klartext erhielt sie also nur noch wenig Nachschub und geringe Personalverstärkungen. Im Umkehrschluss bedeutete das aber keineswegs, dass Hitler seine Erwartungen an Rommel heruntergeschraubt hätte. Im Gegenteil: Im Führerhauptquartier geisterten wieder einmal vage Pläne einer strategischen »großen Zange« umher. Die Panzerarmee Afrika stellte sich der Diktator als den einen, die in Russland auf den Kaukasus vorrückende Heeresgruppe A als den anderen Zangenarm vor. Im heutigen Irak sollte sich diese Zange schließen und damit die britische Macht im Nahen Osten zerstören. Mit der Realität hatte dieser Wunschtraum nichts zu tun.

Rommel versuchte ein letztes Mal, den Durchstoß zum Suezkanal zu erzwingen. Er hoffte, den Gegner doch noch zu schlagen, bevor dieser seine Überlegenheit an Mann und Material komplett ausspielen konnte. Kesselring hatte Rommel zusätzlichen Nachschub für die Offensive versprochen – ein Versprechen, das er nicht halten konnte und das die Beziehung zwischen den beiden Generälen nachhaltig vergiften sollte. Der Entschluss Rommels zum erneuten Angriff erscheint also einerseits wie das Hasardspiel eines ungestümen Troupiers, doch andererseits hätte ein Verharren in den bisherigen Stellungen automatisch den Briten den entscheidenden Vorteil verschafft. Die Zeit arbeitete für den Gegner, nicht für Rommel.

Der Generalfeldmarschall versuchte es erneut mit dem altbewährten Rezept: einem Flankenmanöver im Süden mit seinem Deutschen Afrikakorps und den italienischen Panzerverbänden. So begann am Abend des 30. August die Zweite Schlacht von El Alamein. Obwohl Montgomery den deutschen Plan dank »Ultra« durchschaut hatte, gelang Rommel der Durchbruch. 50 Kilometer weit stießen die Spitzen der Panzerarmee bis auf den Alam-Halfa-Rücken vor. Doch eine Woche nach Beginn der Operationen standen die Angreifer dann doch wieder in ihren Ausgangsstellungen. Treibstoffmangel, alliierte Luftüberlegen-

Die Zweite Schlacht von El Alamein (Alam Halfa), 30.8.–1.9.1942

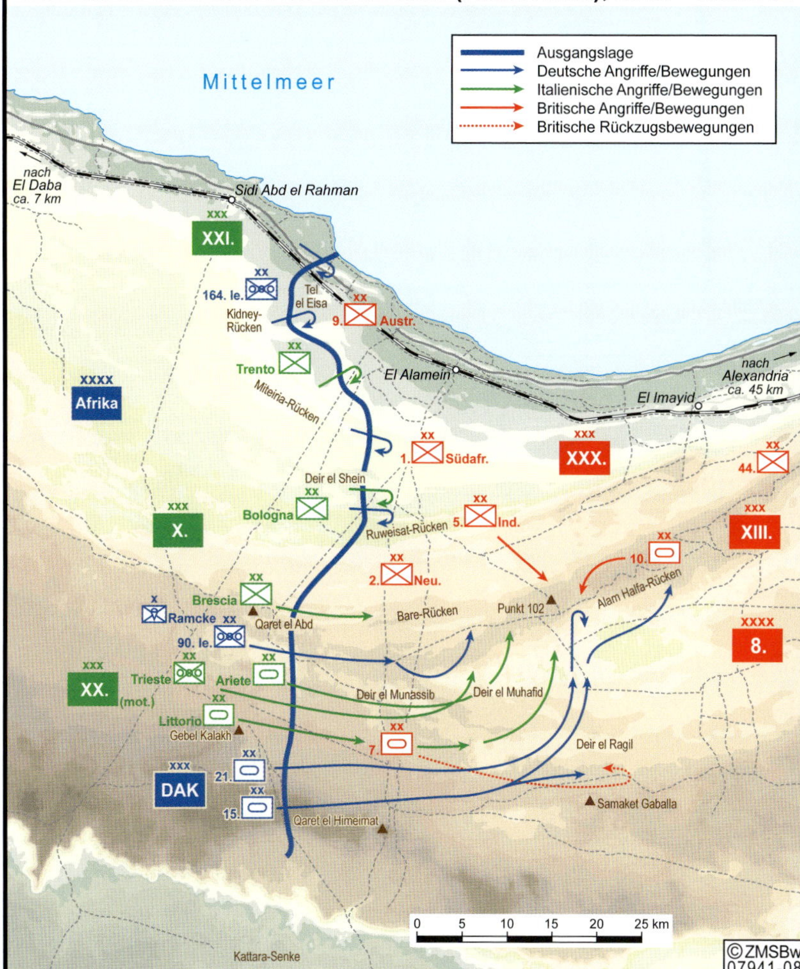

heit und die Ansammlung britischer Panzerkräfte an besagtem Rücken hatten ihre Offensive vereitelt.

Gezeichnet von den physischen und psychischen Anstrengungen der letzten Monate, musste Rommel auf ärztlichen Rat hin den afrikanischen Kriegsschauplatz für einen Kuraufenthalt verlassen. Zuvor befahl er noch den Ausbau der Verteidigungsstellungen mit zahllosen Minenfeldern, den sogenannten »Teufelsgärten«. Sein Vertreter war General

Bei El Alamein vergruben deutsche und italienische Pioniere knapp 450 000 Minen in den »Teufelsgärten«; dies war die bislang größte Zahl von Minen auf einem Schlachtfeld des Zweiten Weltkriegs.

Georg Stumme, ein Panzerfachmann, allerdings ohne Erfahrung im nordafrikanischen Wüstenkrieg. Er ließ deutsche Verbände als Korsettstangen zwischen die italienischen Verbände in die Verteidigungsstellungen einziehen. Zudem wurde das Deutsche Afrikakorps aufgeteilt. Je eine deutsche sowie eine italienische Panzerdivision bildeten zwei Kampfgruppen als Eingreifkräfte und Reserve hinter der Front: eine davon im Norden, die andere im Süden.

Nach dem Sieg in der Zweiten Schlacht von El Alamein forderte Churchill sofort eine Gegenoffensive, doch die britischen Militärs ließen den Premier einfach abblitzen. Sie wollten sich nicht überstürzt zum Angriff drängen lassen, denn allzu häufig hatte sich die British Army damit in der Vergangenheit eine blutige Nase geholt. Stattdessen wollte Montgomery die eigene Übermacht souverän ausspielen. Bis Ende Oktober wuchs seine 8. Armee zu einer beträchtlichen Streitmacht an. Auf jedem Feld hatte sie nun eine Übermacht im Verhältnis von mindestens 2 zu 1, ganz gleich ob bei Soldaten, Artillerie, Panzern oder Flugzeugen. Zudem war die Moral in der 8. Armee mit dem Abwehrer-

M13/40 Panzer der Division »Ariete« im Süden des Schlachtfelds bei El Alamein. Wegen mangelnder Panzerung sind diese Panzer zusätzlich mit Sandsäcken geschützt.

folg in der Zweiten Schlacht von El Alamein gestiegen. Montgomery bereitete seine große Gegenoffensive, die »Operation Lightfoot«, penibelst vor, fast schon mit mathematischer Exaktheit. Nichts sollte dem Zufall überlassen bleiben.

Die Schlacht begann am späten Abend des 23. Oktober mit einem gewaltigen Artillerieschlag. Das Besondere dabei: Das britische Feuer richtete sich zunächst gegen die feindlichen Artilleriestellungen und

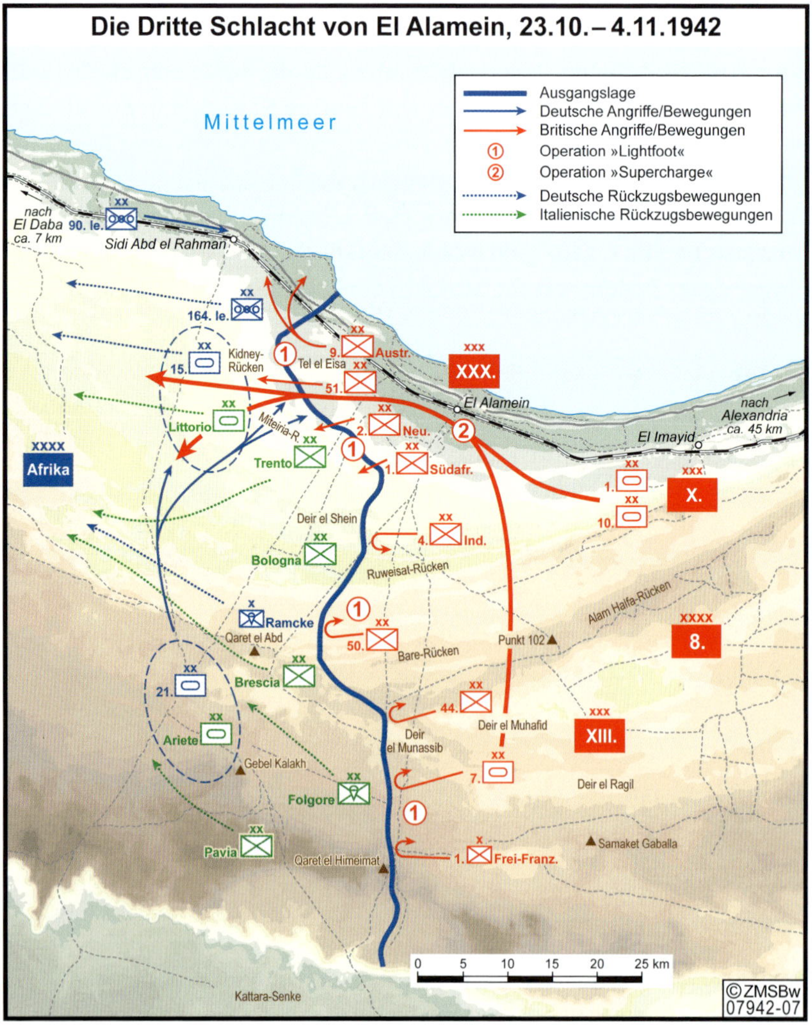

Die Dritte Schlacht von El Alamein, 23.10.–4.11.1942

erst dann gegen die Infanterie. Anders als in vielen Schlachten des Wüstenkriegs ging es Montgomery nicht um das Umfassen des Gegners, sondern um einen brachialen Durchbruch im Norden entlang der Küstenstraße. Das XXX. Korps mit vier Infanteriedivisionen – nur eine davon britisch – griff den Gegner dort auf nur 16 Kilometer Breite an. Zunächst hatten die Pioniere Minengassen durch die »Teufelsgärten« zu schaffen, anschließend brach die Infanterie in die gegnerischen Stellungen ein, bevor schließlich die zwei Panzerdivisionen des X. Korps den Einbruch ausnutzen und in die Tiefe des gegnerischen Raums vorstoßen sollten.

Der heftige britische Angriff überraschte die Deutsch-Italienische Panzerarmee. Deren Artillerie verzeichnete gleich zu Beginn hohe Ver-

Die Schlacht von El Alamein begann am Abend des 23. Oktober 1942 mit einem massiven Artillerie-Bombardement der 8. Armee.

Nachdem die Artillerie die Offensive eröffnet hatte und die Pioniere Minengassen durch die »Teufelsgärten« gebildet hatten, rückte die Infanterie der 8. Armee über das Schlachtfeld vor.

luste; zudem fiel General Stumme am Morgen des 24. Oktober. Nun musste General Thoma die Panzerarmee führen, bis Rommel am Abend des 25. Oktober in aller Eile in Ägypten eintraf. Thoma war es in der Zwischenzeit gelungen, die Lage zu stabilisieren. Auf britischer Seite zeigte sich hingegen wieder einmal der zögerliche Einsatz der Panzerdivisionen. Die Infanterie hatte den Einbruch zwar bereits sehr früh erzielt, aber die Panzer konnten ihn nicht ausnutzen und blieben in den Minenfeldern hängen.

Um die »Achse« stand es freilich nicht besser. Katastrophal war vor allem wieder einmal die Treibstofflage. Die gepanzerten Reserven kamen kaum von der Stelle, der Faktor Bewegung – stets die große Stärke des Deutschen Afrikakorps – war damit hinfällig geworden. Als Rommel sich entschied, seine Reserven am 26. Oktober im Norden einzusetzen, um den gegnerischen Einbruch abzuriegeln, waren seine Panzer erfolglos; die Wehrmacht musste in den folgenden Tagen schwere Verluste hinnehmen. Aus El Alamein war eine Abnutzungsschlacht geworden, aus der nur eine Seite als Sieger hervorgehen konnte: die 8. Armee.

Montgomery konnte nun eine neue Phase der Schlacht einläuten. Auf »Lightfoot« folgte ein neuer Großangriff: »Operation Supercharge«. Wie schon »Lightfoot« begann »Supercharge« am frühen Morgen des 2. November mit massivem Artilleriefeuer und Luftbombardements. Der Angriffssektor war diesmal zu Beginn nur vier Kilometer breit. Wie eine Lawine durchbrach die 8. Armee innerhalb von 24 Stunden die geschwächten deutsch-italienischen Linien; die britischen Panzer standen nun im Rücken des Gegners.

Montgomery wollte sofort die fliehenden und demoralisierten Reste der lediglich noch 70 000 Mann umfassenden Deutsch-Italienischen Panzerarmee verfolgen und ihnen den Rückzug auf der Küstenstraße abschneiden. Dass Hitler nun ein Standhalten um jeden Preis befahl, verschärfte die Lage nur noch. Der Deutsch-Italienischen Panzerarmee drohte die Vernichtung. Nach einem längeren Telefongespräch mit General Thoma erlaubte Rommel – zunächst widerstrebend – aber örtliche Rückzüge.

El Alamein war gewiss ein großer Sieg für die Alliierten. Dennoch schafften es die Briten in den folgenden Tagen nicht, den geschlagenen Gegner völlig zu besiegen. Scheinminenfelder, Probleme in der Orientierung und Treibstoffmangel verzögerten ihre Manöver. Montgomery beschuldigte anschließend Lumsden, dessen X. Korps habe nicht energisch nachgesetzt. Entscheidend war aber vor allem, dass sich Rommel am folgenden Tag dazu entschloss, Hitlers Haltebefehl komplett zu verweigern, und stattdessen den allgemeinen Rückzug befahl. Das Schicksal seiner Männer war dem Generalfeldmarschall nun wichtiger als der Gehorsam. Mit den restlichen gepanzerten Kräften gelang es den Deutschen und den Italienern in den folgenden Tagen immer wieder, die gegnerischen Kräfte kurzzeitig aufzuhalten, während sich der Rest der Panzerarmee nach Westen zurückzog. Vergeblich versuchte Montgomery in immer wieder neuen Anläufen, den fliehenden Gegner zu umfassen.

Nachdem die deutschen und italienischen Verbände hohe und unwiederbringliche Verluste erlitten hatten, setzten die Panzerkräfte der 8. Armee (hier: Sherman-Panzer) zum Durchbruch an.

Nur drei Tage nach dem Durchbruch bei El Alamein erreichten am 7. November die ersten britischen Verbände Marsa Matruh. Über 150 Kilometer hatten sie dabei zurückgelegt – doch Rommel war schneller gewesen. Das Gros seiner Armee hatte sich weiter nach Westen in Richtung Libyen durchgeschlagen. Nicht allen seiner Soldaten war das allerdings gelungen: Mehr als 30 000 nahm die 8. Armee gefangen, drei Viertel davon Italiener. Ohne Motorisierung konnten sie dem Gegner nicht mehr ausweichen. Die Zahlen verdeutlichen noch einmal das italienische Dilemma: Während beim Deutschen Afrikakorps im Schnitt ein Fahrzeug für 3,6 Soldaten zur Verfügung stand, lag das Verhältnis bei den Italienern bei etwa 1 zu 20. El Alamein war der endgültige Wendepunkt in Nordafrika, aber noch nicht das Ende.

Divisionen im Vergleich, Nordafrika 1942		
Infanteriedivision	**Italien**	**Großbritannien**
Personalstärke	7000	17300
Maschinengewehre	238	867
Granatwerfer	18	228
Panzerbüchsen	72	444
Panzerabwehrkanonen	72	136
Artilleriegeschütze	16	48
Gepanzerte Fahrzeuge	–	6
Kettenfahrzeuge	–	256
LKW und andere Fahrzeuge	177	2267
Motorräder	147	1064
Panzerdivision	**Italien**	**Großbritannien**
Personalstärke	8600	13235
Maschinengewehre	900	868
Granatwerfer	9	78
Panzerbüchsen	18	348
Panzerabwehrkanonen	250	219
Artilleriegeschütze	34	88
Kampfpanzer	189	280
Gepanzerte Fahrzeuge	40	101
Kettenfahrzeuge	–	151
LKW und andere Fahrzeuge	1123	1789
Motorräder	504	956

Die Unterlegenheit einer italienischen gegenüber einer britischen Infanteriedivision in Bezug auf Personal, Feuerkraft, Panzerabwehrwaffen und Motorisierung war 1942 ähnlich offensichtlich wie schon 1940. Bei den Panzerdivisionen hingegen war dieser Unterschied weniger stark ausgeprägt.

Quelle: Le Operazioni in Africa Settentrionale, Bd. 3, S. 707 und 710.

»Tunisgrad« 1942/43

Fast zeitgleich mit den Kämpfen bei El Alamein versetzten die Alliierten der »Achse« einen zweiten kräftigen Schlag: Am 8. November 1942 begann unter Lieutenant General Eisenhowers Führung die »Operation Torch«, die lange vorbereitete Landung in Französisch-Nordafrika. In drei Gruppen (Western, Centre, Eastern) aufgeteilt, gingen 107 000 Mann mit knapp 10 000 Fahrzeugen in der Umgebung von Casablanca, Oran und Algier an Land. »Torch« war die bisher größte amphibische Landung des Krieges und demonstrierte das industrielle Potenzial der Alliierten; fast 700 Kriegs- und Handelsschiffe waren im Einsatz. »Torch« bedeutet einen tiefen Einschnitt in der Geschichte des Zweiten Weltkriegs, denn

US-Truppen gehen bei Oran an Land, 8. November 1942. Die »Operation Torch« war die bisher größte amphibische Landung des Kriegs.

neben britischen Verbänden waren erstmals auch Bodentruppen der U.S. Army beteiligt. Deren Gesamtzahl wuchs bis Ende April 1943 in Nordafrika auf 366 000 Mann an, wobei allerdings nur ein Teil von ihnen an der Front zum Einsatz kam.

Mit der »Operation Torch« verletzten die Alliierten übrigens auch die französische Neutralität, denn Nordwestafrika gehörte nach wie vor zu Vichy-Frankreich. Folglich wehrte sich zunächst die *Armée d'Afrique* und hatte immerhin etwa 1350 Tote zu beklagen. Doch Admiral Fran-

çois Darlan änderte die Situation. Der gerade in Algier weilende Oberbefehlshaber der Vichy-Streitkräfte Darlan befahl seinen Truppen, den Widerstand einzustellen, und wechselte die Seiten. In der Folge kamen die von den Alliierten besetzten Gebiete unter die politische Kontrolle der »Freien Franzosen« und die *Armée d'Afrique* unter deren militärischen Oberbefehl.

Für die »Achse« war »Torch« eine strategische Katastrophe. Zum einen bedrohten die Alliierten nunmehr von Süden her das gesamte westliche Mittelmeer, und zum anderen standen sie im Rücken von Rommels Panzerarmee, wenngleich vorerst noch in knapp 3000 Kilometern Entfernung. Das erste Problem beseitigten die Deutschen sehr schnell, indem sie ab dem 11. November, praktisch ohne auf Widerstand zu stoßen, in Süd-Frankreich einmarschierten (»Fall Anton«) und somit das gesamte Land unter ihre Kontrolle brachten. Die französische Flotte hingegen versenkte im Hafen von Toulon ihre Schiffe selbst, um sie dem deutschen Zugriff zu entziehen.

Das zweite Problem war deutlich schwerer zu lösen, denn es standen zunächst keine Kräfte zur Verfügung, um den Alliierten ihren Vormarsch in Richtung Tunis und von dort weiter nach Libyen zu verwehren. Rommels dezimierte und auf dem Rückzug befindliche Streitmacht war nun von zwei Seiten bedroht. Der »Wüstenfuchs« hatte nach Hitlers Haltebefehlen bei El Alamein ohnehin das Vertrauen in die höchste Führung verloren. Er plädierte für einen kompletten Abzug aus Nordafrika, solange noch irgendwie die Möglichkeit dazu bestand. Kesselring hingegen sprach sich in seinem nie enden wollenden Optimismus für eine schnelle Verlegung stärkerer deutscher Verbände nach Tunis aus, das zu diesem Zeitpunkt noch Vichy-französisches Staatsgebiet war.

Hitler fiel es leicht, sich zwischen den Ansichten des Pessimisten Rommel und des Optimisten Kesselring zu entscheiden. Am 19. Dezember legte er sich endgültig darauf fest, Nordafrika zu halten. Seinem Kalkül zufolge war es besser, den Gegner im afrikanischen Vorfeld zu binden, als die unvermeidliche alliierte Landung in Italien abzuwarten. Letztere hätte schwerwiegende politische Folgen für den italienischen Verbündeten gehabt. Zudem ließen sich gegen die kampfunerfahrenen Amerikaner doch gewiss militärische Erfolge erzielen, lautete eine weitere Überlegung. Siege waren nun dringend notwendig, auch um die Moral in der deutschen Heimat zu stärken. Schließlich war damals die 6. Armee in Stalingrad bereits eingeschlossen.

Hitler schickte nun Verstärkungen nach Nordafrika – Verstärkungen, die er einerseits in all den Jahren zuvor Rommel vorenthalten hatte. Verstärkungen, die er aber andererseits auch dringend zum Entsatz von Stalingrad gebraucht hätte. Das Deutsche Reich befand sich nun vollends im Zweifrontenkrieg. Dem Diktator dämmerte, dass es sich beim Wüstenkrieg in Nordafrika wohl doch nicht um einen unbedeutenden Nebenkriegsschauplatz handelte. Von November 1942 bis zur dortigen Kapitulation im Mai 1943 wurden 137 000 deutsche und schätzungsweise über 40 000 italienische Soldaten nach Tunis gebracht. Hinzu kamen

975 Geschütze und 495 Panzer, darunter auch einige Modelle des neuen Tiger-Panzers. Die Masse der deutschen Truppen war gut ausgebildet und ausgerüstet, allen voran die 10. Panzerdivision, in der übrigens Claus Schenk Graf von Stauffenberg als 1. Generalstabsoffizier diente. In der Luft konnten die Deutschen vorerst sogar eine numerische Parität mit den Alliierten erzielen.

Die in Tunesien neu eingetroffenen Truppen kamen Anfang Dezember 1942 unter das Kommando der 5. Panzerarmee von Generaloberst Hans-Jürgen von Arnim, der als besonders krisenfest galt. Der italienische Beitrag zur Verstärkung des Brückenkopfes Tunis war hingegen vergleichsweise gering. Ganz offensichtlich konnte und wollte Italien den Krieg nicht mehr lange weiterführen. Immerhin gelang es den Achsenmächten in den kommenden Wochen, den Alliierten den Zugang nach Tunis zu verwehren. Die britische 1. Armee unter Lieutenant General Kenneth Anderson mit je einem britischen, amerikanischen und französischen Korps biss sich bis Mitte Dezember 1942 förmlich im tunesischen Bergland fest. Zu größeren Kampfhandlungen kam es in diesem Frontabschnitt vorerst nicht mehr.

Ab November 1942 ließ Hitler massive Verstärkungen nach Nordafrika schicken. Das Bild zeigt den neuen Panzer VI »Tiger« im Bergland von Tunesien.

Währenddessen führte Rommels Deutsch-Italienische Panzerarmee im 2000 Kilometer entfernten Libyen Rückzugsgefechte gegen Montgomerys 8. Armee, um Zeit zu gewinnen. Seit El Alamein gab es kaum ein Halten mehr. Nach und nach mussten die Achsenmächte Gelände preisgeben. Am 13. November räumten sie Tobruk, am 20. November Bengasi. Die Cyrenaika war damit verloren. Rommel versuchte eine neue Abwehrstellung bei El Agheila aufzubauen, also genau dort, wo 20 Monate zuvor sein afrikanisches Abenteuer begonnen hatte. Doch zu kühnen Gegenoffensiven fehlten ihm diesmal sämtliche Mittel. »Mit Vernichtung der Reste der Armee muss gerechnet werden«, meldete Rommel nach Deutschland. Es war ein Offenbarungseid.

Montgomery versuchte, die deutsch-italienische Abwehrstellung zu umgehen. Doch es folgte ein Spiel, das sich in jenen Wochen nach El Alamein ständig wiederholte. Rommel schickte rechtzeitig die nicht motorisierte italienische Infanterie in Richtung Westen und verzögerte mit seinen verbliebenen Panzerkräften das Gefecht. Anschließend zog er auch den Rest seiner Armee zurück. Hitler gefiel ein derartiges Vorgehen natürlich nicht. Er tobte und behauptete, die Wehrmacht habe »die Waffen weggeworfen«. Am 23. Januar 1943 fiel schließlich Tripolis. Mussolini hatte vehement auf ein Standhalten gedrungen – vergebens. Der Verlust von Tripolis bedeutete auch den Verlust der letzten italienischen Kolonie in Afrika. Zurück blieben über 100 000 italienische Siedler. Innenpolitisch war der italienische »Duce« nun schwer angeschlagen, sein Stuhl in Rom wackelte gewaltig.

Rommels Rückzug endete erst Mitte Februar, und zwar 150 Kilometer hinter der tunesisch-libyschen Grenze an der Mareth-Stellung. Diese ehemalige französische Befestigungslinie aus der Zwischenkriegszeit bot mit ihren veralteten Bunkeranlagen der Deutsch-Italienischen Panzerarmee erstmals seit Wochen wieder einigermaßen festen Halt. Zudem waren die Nachschubwege von Tunis dorthin vergleichsweise kurz. Rommel war es gelungen, seine Armee ohne größere Verluste von El Alamein durch ganz Libyen zurückzuführen.

Manche Historiker sehen darin sogar Rommels größte militärische Leistung im Zweiten Weltkrieg. Schließlich war sein Gegner Montgomery dank des abgehörten deutschen Funkverkehrs (»Ultra«) stets über die vermeintlichen Absichten des Gegners gut unterrichtet. Doch die Flut an Informationen erwies sich für die britische Führung nicht im-

Die Endkämpfe in Tunesien, Februar bis Mai 1943

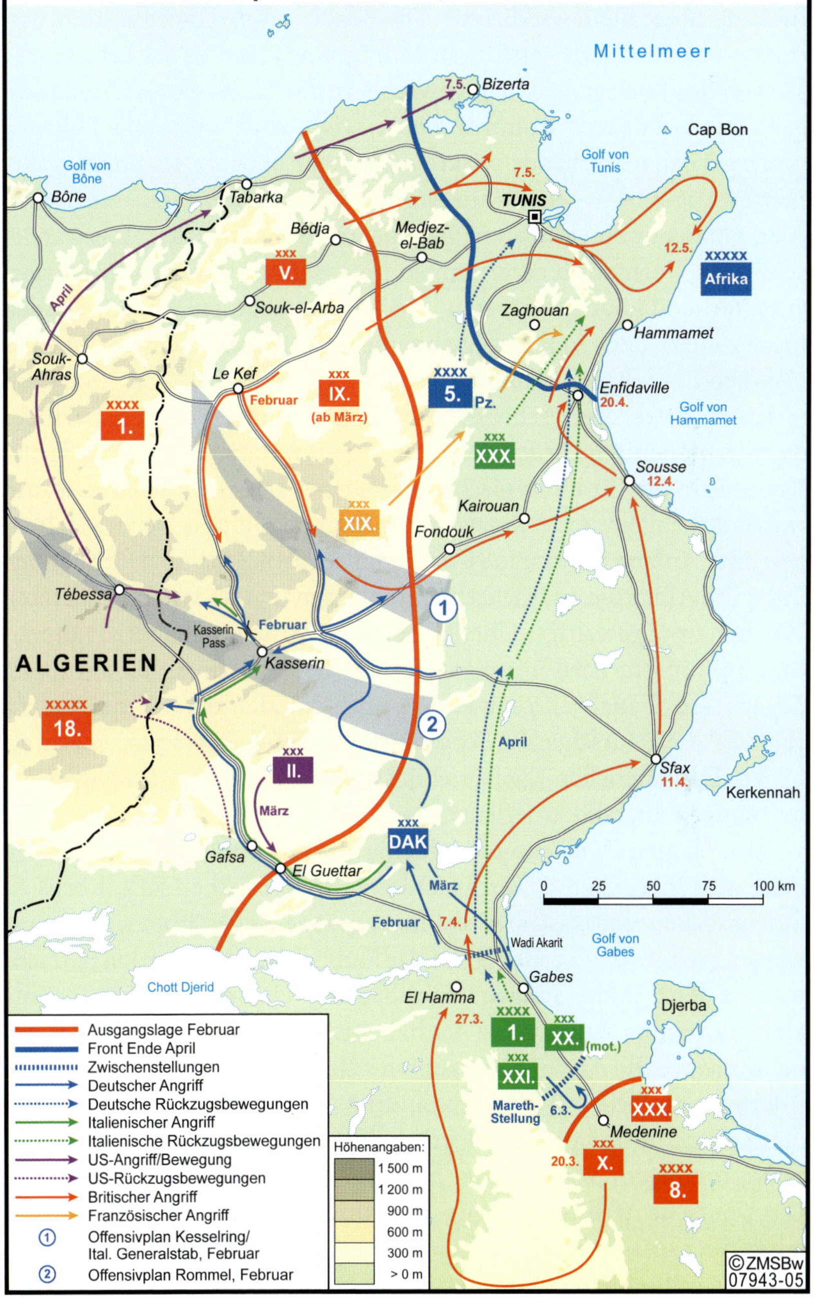

mer als Segen, zumal Rommel auch häufig nach oben etwas anderes meldete, als er dann wirklich tat. Die Briten saßen damit Fehlinformationen auf. Bis heute wirft man Montgomery vor, er sei kein großer Meister des Bewegungskriegs gewesen. In der Tat ist dieses Urteil nicht ganz falsch. Er setzte Rommel nie energisch nach, und seine Führung größerer Panzerverbände wirkte meist sehr behäbig. Dennoch sollte man Montgomerys Leistung hervorheben: Seine 8. Armee legte nach El Alamein in nur drei Monaten über 2000 Kilometer zurück. Das war der schnellste Vormarsch einer Armee im gesamten Zweiten Weltkrieg; entsprechend überdehnt waren ihre Nachschublinien. Zudem wurden Montgomery Ende 1942 mit Ausnahme der Neuseeländer sämtliche Divisionen aus den Commonwealth-Staaten abgezogen.

Kaum hatte die »Achse« die Mareth-Stellung bezogen, war der deutsch-italienische Brückenkopf in Tunesien stabilisiert. Sofort dachte Rommel in der für ihn typischen Art wieder an eine Offensive. Damit war er nicht allein. Auch Kesselring und der italienische Generalstab sahen nun, Anfang Februar 1943, dafür den idealen Zeitpunkt. Schließlich litten die Alliierten an Nachschubproblemen und hatten in den letzten Wochen trotz gewaltiger Überlegenheit an Mann und Material nur mäßige militärische Leistungen gezeigt. Vor allem in den Kolonialtruppen der »Freien Franzosen« sowie den noch unerfahrenen Amerikanern glaubten die Deutschen die Schwachstellen des Gegners ausgemacht zu haben. Ihre offiziellen Lageberichte strotzten nur so vor abfälligen Bemerkungen über die Amerikaner.

Also planten Deutsche und Italiener, die Front an der Naht zwischen dem amerikanischen II. Korps und dem französischen XIX. Korps zu durchbrechen und anschließend mit gepanzerten Kräften nach Nordwesten weiter vorzustoßen. Über das Endziel dieser Operation herrschte unter den Entscheidungsträgern allerdings Uneinigkeit. Sollte es eine kleinere Lösung sein, wie sie der italienische Generalstab oder der ohnehin skeptische Arnim bevorzugten? Oder sollte man, ganz im Sinne Rommels, im besten Fall gleich bis zum Mittelmeer durchstoßen, um die gesamte britische 1. Armee in Nordtunesien einzuschließen?

Nach einigem Vorgeplänkel begann am 14. Februar die Offensive. Das Deutsche Afrikakorps legte über 100 Kilometer zurück, bis es zwischen dem 19. und 22. Februar am Kasserin-Pass in den Ausläufern des Tellatlas schließlich zur großen Schlacht kam. Die deutschen Panzer

US-Truppen am Kasserin-Pass, Februar 1943. Es waren die ersten großen Kämpfe der U. S. Army zu Land auf dem afrikanisch-europäischen Kriegsschauplatz im Zweiten Weltkrieg.

konnten zwar den Gebirgspass überwinden, doch die Amerikaner schafften in aller Eile Reserven heran. Auch Rommel verlangte Verstärkungen, doch Arnim verweigerte sie ihm. Er wollte lieber eine eigene Offensive im Bereich seiner 5. Panzerarmee führen – und ohnehin sei er ja stets gegen dieses Unternehmen gewesen, argumentierte er. Der Angriff lief sich somit nach Anfangserfolgen fest.

Mit der Schlacht am Kasserin-Pass hatte die deutsche Seite buchstäblich ihr Pulver verschossen. Sie war nicht nur die letzte deutsche Offensive in Nordafrika, sondern auch die letzte Offensive in Rommels militärischer Laufbahn. Kurzzeitig noch zum Oberbefehlshaber der neu

Major General George S. Patton in Tunesien, Frühjahr 1943. Patton war ein inspirierender, aber auch umstrittener und selbstherrlicher Truppenführer.

aufgestellten Heeresgruppe Afrika ernannt, verließ er desillusioniert am 9. März 1943 Nordafrika. Sein immer noch klangvoller Name sollte nicht mit der sich abzeichnenden Niederlage in Nordafrika in Verbindung gebracht werden – so zumindest das Kalkül der NS-Führung. Arnim durfte als neuer Oberbefehlshaber der Heeresgruppe Afrika nun den Konkurs im Brückenkopf von Tunis verwalten.

Für die Alliierten war der anfängliche Rückschlag am Kasserin-Pass hingegen ein Weckruf. Die schlecht ausgerüsteten und ausgebildeten französischen Kolonialtruppen wurden weitgehend aus der Front herausgelöst. Viel wichtiger waren aber die Korrekturen bei der U. S. Army. Als Erstes wurde Major General Lloyd R. Fredendall, der Kommandierende General des II. Korps, abgelöst und durch Major General George S. Patton ersetzt. Fredendall galt allgemein als inkompetent. Die Änderungen brachten bald die ersten Früchte hervor. Bei El Guettar feierten die Amerikaner am 23. März 1943 ihren ersten wirklichen Sieg über die Wehrmacht. Das hob die Moral und zeigte, wie schnell die amerikanischen Soldaten aus ihren Anfangsfehlern lernten. Dennoch waren ihre britischen Verbündeten bis zum Schluss des Feldzugs nicht so recht von deren Fähigkeiten überzeugt.

Auch die Kommandostruktur änderte sich. Die neue 18. Armeegruppe unter Alexander sollte die Operationen von Montgomerys 8. Armee im Süden und Andersons 1. Armee im Westen besser koordinieren, um den deutschen Brückenkopf bei Tunis endgültig zu zerstören. Mit einer verstärkten Offensive zur See und in der Luft griffen die Alliierten die Achillesferse der »Achse« an: die Logistik. Im März 1943 kamen von den benötigten 140 000 Tonnen Nachschub pro Monat nur mehr 21 600 Tonnen an. Die Heeresgruppe Afrika verhungerte in Tunis regelrecht. Dank neu errichteter Flugfelder in Algerien gelang es den Alliierten zudem ab März 1943, endgültig die Lufthoheit in Tunesien zu erringen.

Zu Land richtete sich das Hauptaugenmerk nun wieder gen Süden, nämlich auf Montgomerys 8. Armee an der Mareth-Stellung. Dort hatte mittlerweile der italienische General Giovanni Messe Rommels Nachfolge übernommen; zudem war die Deutsch-Italienische Panzerarmee in 1. Italienische Armee umbenannt worden. Am 20. März begann Montgomery schließlich mit seiner lange erwarteten Offensive gegen die Mareth-Stellung (»Operation Pugilist« und »Operation Supercharge II«). Um einer drohenden Umfassung zu entgehen, befahl Messe den Rückzug nach Norden auf eine neue Verteidigungslinie am Wadi Akarit. Doch das verschaffte ihm nur einen Aufschub. Anfang April durchbrach die 8. Armee in einer kurzen, aber sehr blutigen Schlacht auch diese Stellung.

Noch einmal kam die Front 60 Kilometer südlich von Tunis zum Stehen. Obwohl sich in den Schlachten vom März und April 1943 den

Ab März 1943 hatten die Alliierten endgültig die Luftherrschaft gewonnen. Aufgrund der eingeschränkten Sicht durch die Flugzeugnase dieser Curtiss Kittyhawk, Mark III, dirigiert der Soldat auf dem Flügel den Royal-Air-Force-Piloten über das Rollfeld.

Alliierten mehrmals die Gelegenheit geboten hätte, die 1. Italienische Armee komplett einzukreisen, gelang es Messe immer wieder, der Umklammerung des Feindes zu entkommen; nun kämpften auch die italienischen Verbände verbissen. Vor allem waren die Alliierten wieder einmal schlichtweg zu zögerlich in der Verfolgung; Offiziere vor Ort warteten lieber auf eine Entscheidung von oben, als selbst die Initiative zu ergreifen. Man konnte und kann ihnen daraus freilich kaum einen Vorwurf machen. Ihre Militärdoktrin bestimmte es so.

Ende April begann schließlich die alliierte Schlussoffensive gegen die erschöpften deutschen und italienischen Truppen. Eisenhower wollte aus Prestigegründen unbedingt das amerikanische II. Korps daran beteiligen. Der Widerstand der Deutschen und Italiener wurde nach gut zwei Wochen gebrochen, Arnim streckte am 13. Mai 1943 mit den Resten seiner Heeresgruppe die Waffen. Damit war der Krieg in Nordafrika nach 32 Monaten beendet.

Der letzte Oberbefehlshaber der Heeresgruppe Afrika, Generaloberst Hans-Jürgen von Arnim (r.), begrüßt den Oberbefehlshaber der 5. Panzerarmee, General Gustav von Vaerst, am 7. Mai 1943.

Hatte sich für die »Achse« das Halten des Brückenkopfes in Tunis militärisch gelohnt? Zweifelsohne hatte es den Rückzug von Rommels Armee nach der Niederlage von El Alamein ermöglicht. Zudem zögerte der Kampf in Tunis die alliierte Landung in Italien noch um einige Wochen, wenn nicht sogar Monate hinaus. Jedoch wurde diese Zeit nicht genutzt, um die italienische Verteidigungsbereitschaft im Mutterland zu verstärken. Ende Februar war definitiv klar, dass die Heeresgruppe Afrika nicht mehr komplett evakuiert werden konnte und somit verloren war. Die Deutschen und die Italiener opferten also eine beträchtliche Zahl von Menschen und Material für ein letztlich sinnloses Halten dieses Brückenkopfes.

Die Niederlage bei Tunis hatte massive politische Auswirkungen, das Achsenbündnis stand nun vor der Zerreißprobe. Das italienische Mutterland war fortan direkt von einer feindlichen Landung bedroht, das Tor zum Sturm auf die »Festung Europa« stand weit offen. Auch militärisch war die Niederlage sehr schmerzlich. 130 000 deutsche und 120 000 italienische Soldaten gerieten in alliierte Gefangenschaft.

Das waren mehr Soldaten, als die 6. Armee bei Stalingrad gut drei Monate zuvor verloren hatte. Erschwerend kam hinzu, dass es sich bei den deutschen Truppen meist um besonders erfahrene sowie gut ausgebildete und ausgestattete Verbände handelte. Die Wehrmacht hatte nach Stalingrad eine weitere fürchterliche Niederlage in nur wenigen Monaten hinnehmen müssen, für die sich bald der Name »Tunisgrad« einbürgerte.

↗ Rommel (r.) beobachtet aus seinem Befehlswagen das Gelände der nordafrikanischen Wüste. Der Befehlswagen vom Typ AEC 4×4 ACV war ein Beutefahrzeug aus britischen Beständen.

7 Wüstenkrieg in Afrika – Mythos und Realität

Krieg in der Wüste – das war bereits ein Mythos, als in Nordafrika noch gekämpft wurde. Die deutsche Führung mochte Afrika lange als militärischen Nebenkriegsschauplatz angesehen haben, ihre Propaganda widmete ihm jedoch beträchtliche Aufmerksamkeit. Für Goebbels bot sich in Nordafrika eine ideale Inszenierungsfläche, auf der sich Rommel im Befehlswagen und donnernde Panzer durch den Staub der Wüste kämpften, unterlegt mit dem Lied »Panzer rollen in Afrika vor«. Afrikas Sonne schien für das Publikum zu Hause in vielfacher Hinsicht attraktiver als die öden Weiten Russlands.

Auch die Briten schätzten Nordafrika als ein ergiebiges Feld für die Mythenbildung. Aus ihrer Sicht war Nordafrika von 1940 bis 1943 militärischer Hauptkriegsschauplatz. Nur dort standen sich das Empire und das Deutsche Reich zu Lande gegenüber. Die Bevölkerung musste also den Sinn des dortigen Kampfes verstehen, auch wenn – oder gerade weil – er weit weg von der Heimat geführt wurde. Bereits im März 1943 kam *Desert Victory*, eine Art Dokumentarfilm über El Alamein, in die Kinos. Auch die US-Propaganda entdeckte sehr schnell das Potenzial des Wüstenkriegs. Ebenfalls 1943 liefen in den Kinos Filme wie *Five Graves to Cairo* sowie der oscargekrönte Streifen *Sahara* mit Humphrey Bogart als US-Panzerkommandant bei El Alamein. Das Kino spielte also schon sehr früh eine Schlüsselrolle für die Popularisierung des Krieges in Nordafrika.

So entstanden Bilder, die teilweise bis heute nachwirken. In dieser verzerrten Meistererzählung war der Wüstenkrieg ein exotischer, ja in mancher Hinsicht sogar fast schon ein »schöner« Krieg. Bewundernswert erschienen die verstaubten und von der Hitze gezeichneten Soldaten, die den Strapazen widerstanden. Stählerne Panzerkolosse zeigten nicht nur die Dynamik und Schnelllebigkeit dieses Kriegsschauplatzes, sondern auch die Macht der Technik über die unwirtliche Natur. Zahllose Luftbilder führten dem Zuschauer die Weite der Wüste vor Augen. Sofern Einheimische gezeigt wurden, schienen sie die Machtdemonstrationen der Europäer zu bestaunen.

Der Wüstenkrieg rief bei vielen Zeitgenossen aber auch noch ganz andere Assoziationen wach. Die Eroberung von Gelände schien bei der Weite dieses Raums kaum Bedeutung zu haben. Es war wie auf einem

Im November 1942 marschierten deutsche Truppen in Tunis ein. Die NS-Propaganda griff dieses Bild auf und versuchte, die Deutschen als Freunde der Araber darzustellen.

Einmarsch britischer Truppen in Tunis, Mai 1943. Die jubelnde Bevölkerung auf diesem Bild besteht vorrangig aus europäischen Siedlern.

Ozean: Die Panzer glichen Kriegsschiffen, die befestigten Infanteriestellungen in den *boxes* waren gleichsam die Inseln. Und über all dem standen als Meister und Lenker die vermeintlich genialen Feldherren Rommel und Montgomery. Generäle – sie waren ohnehin die »Stars« der Kriegspropaganda.

Nach dem Krieg wurden diese Meistererzählungen praktisch nahtlos weitergeführt. Sie erhielten nur eine andere politische Stoßrichtung, hatten aber weitreichende Folgen für die Erinnerungskultur in Großbritannien wie auch in der Bundesrepublik. Der Wüstenkrieg wurde zur Voraussetzung der Völkerversöhnung umgedeutet und mit einem sauberen Narrativ versehen: Ihm zufolge hatten in Nordafrika zwei gleichwertige Gegner gekämpft, die einander militärisch wie moralisch respektierten. So betonte Ludwig Crüwell, einst Kommandierender General des Deutschen Afrikakorps, in seiner Rede anlässlich der Einweihung des Ehrenmals für die gefallenen deutschen Soldaten in Tobruk 1955: »Wir denken auch an unseren damaligen Gegner, insbesondere an die Soldaten der britischen Völkergemeinschaft. Sie kämpften hart, aber stets fair und ritterlich, bis sie am Ende Sieger blieben.«

Der Krieg in Nordafrika sprach aber nicht nur die Veteranen an, sondern ein breites Publikum. Bücher wie Paul Carells *Die Wüstenfüchse. Mit Rommel in Afrika* (1958) fanden in der Bundesrepublik reißenden Absatz, Filme wie *Der Stern von Afrika* über das Schicksal des erfolgreichen Jagdfliegers Hans-Joachim Marseille (1957) waren echte Publikumsmagneten. Der Krieg wurde in diesen Darstellungen entpolitisiert, während die Soldaten als Helden auftraten, die tief in ihren Herzen den Krieg ablehnten.

Der »Mythos Nordafrika« war sehr bald ein grenzüberschreitendes Phänomen, freilich jeweils mit einer spezifisch nationalen Färbung. Das traf auch auf andere Staaten zu, wie die Beispiele Italien und Frankreich zeigen. Mochten Briten und Deutsche die militärische Leistung der italienischen Armee auch belächeln, in Italien sah man die Sache differenzierter. Das Geschehen in Nordafrika galt dort als »ruhmreiche Niederlage«. Trotz unzureichenden Materials und mangelhafter Ausrüstung habe die Armee aufopferungs- und ehrenvoll gekämpft, betonte das Narrativ. Die Schuld traf demnach nicht die Soldaten, sondern die Verantwortung konnte auf die Führung abgewälzt werden, also auf Mussolini und die politisch nun völlig diskreditierten »Faschisten«.

Besonders stolz waren die Italiener auf die militärischen Leistungen der Fallschirmjägerdivision Folgore, ironischerweise ein Freiwilligenverband mit nicht wenigen Faschisten in seinen Reihen. Als Churchill bereits kurz nach der Schlacht von El Alamein im britischen Unterhaus von den »Löwen der Folgore« sprach, erteilte Großbritannien dem Gegner damit einen sehr frühen Ritterschlag. Auch der 1959 eröffnete *sacrario militare* bei El Alamein war sichtlich von dieser heroischen Erzählung inspiriert. Er war in leuchtendem Weiß gehalten, seine pompöse Architektur und Emblematik erinnerten zwangsläufig an die faschistischen Heldenfriedhöfe aus der Zwischenkriegszeit. Zudem setzte General Messe in seinen Memoiren *La mia armata in Tunisia*

Plakat des Films *Der Stern von Afrika* aus dem Jahr 1957 über den erfolgreichen Jagdflieger Hans-Joachim Marseille. Deutschland erlebte in den 1950er-Jahren eine regelrechte Popularisierung des Wüstenkriegs.

(1960) den Veteranen ein weiteres, diesmal schriftliches Denkmal. Die faschistische Vergangenheit ist zwar in Italien gut aufgearbeitet, doch bleibt in der populären Erzählung die politische Seite des Kriegseinsatzes bis heute bisweilen ausgeblendet. Dies zeigte beispielsweise der – ansonsten beeindruckende – Film *El Alamein – La linea del fuoco* von 2002. Eine politische Einordnung der Kampfhandlungen findet auch darin nicht statt, vielmehr beschränkt sich die Darstellung der italienischen Soldaten auf die rein militärischen Aspekte und die Opferrolle.

Für Frankreich, oder genauer: die »Freien Franzosen«, war die verbissene Verteidigung der frei-französischen Brigade bei Bir Hakeim im Sommer 1942 ein wichtiges Ereignis für die nationale Selbstfindung. Erstmals hatten die Franzosen nach dem schmählichen Zusammenbruch von 1940 der Wehrmacht entschlossen die Stirn geboten. Obwohl sie auch bei Bir Hakeim letztlich bezwungen worden waren, deutete Charles de Gaulle diese Schlacht sehr schnell und geschickt zu einem Sieg seiner »Freien Franzosen« um. Bald galt das Schlagwort »Bir Hakeim« in französischen Widerstandskreisen als Synonym für die Wende in diesem Krieg und für die Wiederauferstehung des republikanischen Frankreichs.

Nach dem Krieg beschloss der Stadtrat von Paris, die »Pont de Passy« (Brücke von Passy) in »Pont de Bir-Hakeim« (Brücke von Bir Hakeim) umzubenennen, inklusive der dazugehörigen Métro-Station. In Anwesenheit von Charles de Gaulle wurde dieser Schritt am 18. Juni 1949 feierlich vollzogen. Der Wüstenkrieg war also für die Franzosen – ähnlich wie für die Deutschen und die Italiener – eine »ruhmreiche Niederlage«. Heute nimmt diese Schlacht zwar keine zentrale Rolle mehr im nationalen Gedächtnis Frankreichs ein, doch bleibt sie nach wie vor ein Baustein der Kultur der Erinnerung an die Résistance.

Der zumindest in Deutschland, aber auch darüber hinaus nachhaltigste Mythos des Afrikakrieges ist aber zweifellos mit einem einzigen Namen verbunden – mit Erwin Rommel. Die jeweiligen nationalen Erzählungen in Deutschland und Großbritannien stimmen diesbezüglich häufig überein. Bereits zu Lebzeiten war Rommel, der 1944 vom NS-Regime zum Selbstmord gezwungen wurde, bei Freund und Feind legendär. Auchinleck befahl seinen britischen Soldaten beispielsweise, jegliches Gerede über die angeblich übermenschlichen Fähigkeiten

Ein italienischer Soldat hisst im Juni 1942 die italienische Trikolore im eroberten Marsa Matruh. Im Nachkriegsitalien galt der Krieg in Nordafrika als eine »glorreiche Niederlage«.

Rommels zu unterlassen. Er sei nichts weiter als ein »gewöhnlicher deutscher General«. Der Befehl endete typisch britisch mit Ironie: »PS: Ich bin nicht eifersüchtig auf Rommel.«

In der Nachkriegszeit kam zum Image des militärisch genialen Feldherrn Rommel noch eine weitere Facette hinzu. In seinen 1949 veröffentlichten Memoiren rückte Hans Speidel, 1944 sein Stabschef in Frankreich, den Generalfeldmarschall in die direkte Nähe des militärischen Widerstands gegen Hitler und des Attentats vom 20. Juli 1944. Dieser »Verdacht« war bereits 1944 aufgekommen und hatte Rommel letztlich das Leben gekostet. Er wurde damit zur moralischen Instanz, auch im Hinblick auf die Aufstellung einer neuen Armee in der Bundesrepublik.

Nur ein Jahr später erschien die erste Rommel-Biografie aus der Feder des ehemaligen britischen Brigadegenerals Desmond Young, der einst in Nordafrika gegen Rommel gekämpft hatte. Young übernahm weitgehend Speidels Ansichten über Rommel und dessen Widerstand gegen Hitler. Das Vorwort schrieb niemand Geringeres als Claude Auchinleck. Er bezeichnete Rommel darin als »tapferen Gegner« und hoffte, der jungen Generation in Deutschland zu zeigen, »dass wir nicht ihre soldatischen Fähigkeiten ablehnen, sondern den Missbrauch, den ihre Machthaber so oft mit diesen Fähigkeiten getrieben haben«. Diese Worte Auchinlecks signalisierten eine Versöhnung, die so kurz nach 1945 alles andere als selbstverständlich war. Rommel und der Wüstenkrieg mögen ihr den Weg bereitet haben.

Der 1951 erschienene Spielfilm *The Desert Fox* mit James Mason als Rommel in der Hauptrolle machte diese Sicht dann endgültig zum öffentlichen Allgemeingut. Gezeigt wurden sowohl der »Wüstenfuchs« als auch der Widerstandskämpfer gegen das NS-Regime. Die Botschaft war klar: Es hatte sie gegeben, die »guten Deutschen« in dunklen Zeiten. Und unter jenen »guten Deutschen« waren namentlich Rommel und sein Afrikakorps. Diese Sicht beruhigte beide Seiten, Briten wie Deutsche. Schließlich waren die einstigen Feinde bald Partner in der NATO geworden.

In der Wissenschaft und in der Öffentlichkeit wurde dieses Rommel-Bild immer wieder hinterfragt, diskutiert, relativiert und revidiert. Bis heute schwankt die Haltung zwischen den beiden Extremen der unkritischen Bewunderung und der kategorischen Verteufelung. Wer war also Rommel? Ein hitlertreuer Nazi-General? Oder ein Widerstandskämpfer? Ein brillanter Heerführer? Oder ein gnadenlos überschätzter militärischer Stümper?

Die Antworten auf diese Fragen sind alles andere als einfach. Die widersprüchlichen Wertungen ergeben sich aus der schillernden Persönlichkeit Rommels und dessen teils streitbarem Handeln. Beim Thema Rommel ist der Historiker noch mit einem weiteren Problem konfrontiert. Zwar ist viel über den Generalfeldmarschall geredet, diskutiert und geschrieben worden, allerdings meist auf denkbar dünner Quellenbasis. Viel zu häufig wurden und werden Aussagen über ihn unkritisch übernommen und weiterverbreitet. Das gilt gleichermaßen für die positiven wie für die negativen Urteile.

Rommel verdankte zweifellos Goebbels und auch Hitler seinen Ruhm als Medienstar und seine Sonderstellung innerhalb der Generalität. Für Goebbels war der »Wüstenfuchs« der nationalsozialistische General par excellence, der »Mythos Rommel« ist damit zweifellos auch ein Produkt der NS-Propaganda. Allerdings hatten erst Rommels über-

Rommel wird von einem Kriegsberichterstatter nach der Einnahme Tobruks im Juni 1942 interviewt. Für heutige Ohren klingen Rommels Interviews sehr hölzern.

raschende und unerwartete Erfolge zu Beginn seines Afrikaeinsatzes Goebbels überhaupt aufhorchen lassen. Keineswegs hatte also der Propagandaminister von vornherein eine Art Drehbuch für den Krieg in der Wüste mit dem volks- und NS-nahen Rommel gehabt. Fortan aber war er der General, der sich stets im Schlachtengetümmel an der Front befand und »von vorne« führte. Damit entsprach er genau dem vom Nationalsozialismus so gepriesenen neuen Offizierstypus.

Rommel erfüllte scheinbar perfekt das von Hitler gewünschte Ideal des »Tatmenschen«, der sich auf seinen Instinkt verließ und sich damit fundamental vom kühl abwägenden, manchmal vielleicht etwas zögerlichen Generalstabsoffizier unterschied. In Afrika konnte Rommel sich förmlich »austoben«, was von der NS-Propaganda entsprechend herausgestellt wurde. Vor allem aber war er lange Zeit erfolgreich. Trotzdem bestand keine Gefahr, dass er auf diesem Nebenkriegsschauplatz dem »militärischen Genie« Hitler den Rang ablief. Nur eine Rechnung hatten weder Hitler noch Goebbels gemacht: Das Propagandakind Rommel durchlief einen Reifeprozess und begann nach der Niederlage in Nordafrika mehr und mehr politisch zu denken. Er ließ sich nicht mehr widerstandslos instrumentalisieren, sondern vertrat seinen Standpunkt immer unnachgiebiger. Damit wurde er dem NS-Regime gefährlich.

Unklar sind bis heute Rommels konkrete Verbindungen zum militärischen Widerstand gegen Hitler. Die herrschende Meinung hat sich im Laufe der Zeit mehrmals gewandelt. Anhand der Memoiren Speidels ging man lange davon aus, Rommel sei in die Verschwörung des 20. Juli 1944 eingeweiht gewesen. Erst in den 1970er Jahren geriet diese Überzeugung ins Wanken. Den Ausschlag gab die Biografie *The Trail of the Fox*, verfasst von dem mittlerweile als Holocaust-Leugner verurteilten Briten David Irving.

In den vergangenen Jahren sind aber neue Dokumente aufgetaucht, wie die geheim abgehörten Aussagen von General Heinrich Eberbach in britischer Kriegsgefangenschaft oder eine Aktennotiz des Leiters der Parteikanzlei der NSDAP, Martin Bormann, der mit den Untersuchungen zum 20. Juli beauftragt worden war. Diese Quellen erforderten eine erneute Revision der Bewertung Rommels. Demnach waren dem Generalfeldmarschall durchaus die Pläne der Verschwörer bekannt, wenngleich nicht im Detail. Seine Unterstützung hatte er offenbar zugesagt.

Unstrittig bleibt, dass Rommel auf Hitlers Befehl zum Selbstmord gezwungen wurde. Er war also zweifellos auch ein Opfer des Nationalsozialismus.

Ähnlich umstritten sind Rommels Fähigkeiten als militärischer Führer. Generell waren die Generalstabsoffiziere die schärfsten Kritiker des Troupiers Rommel. Halder beispielsweise bezeichnete Rommel einmal als »verrückt gewordenen Soldaten«, und Crüwell meinte lapidar: »Rommel ist eben kein Oberbefehlshaber!« Heutige Rommel-Kritiker zitieren derlei Aussagen sehr gerne, um die angeblich begrenzten militärischen Fähigkeiten des »Wüstenfuchses« zu beweisen. Diesbezüglich ist allerdings Vorsicht geboten. Zum einen spielte der Faktor Neid unter den Generalstabsoffizieren eine große Rolle. Rommel war für sie ein Emporkömmling, der nur dank Hitlers Gunst Karriere hatte machen können. Zum anderen sei dahingestellt, ob die Generalstabsoffiziere der Wehrmacht ihren eigenen militärischen Anforderungen immer gerecht wurden. Halder beispielsweise kritisierte im Mai 1941 Rommel wegen der Vernachlässigung des Nachschubs. Das wirkt aus heutiger Sicht geradezu grotesk. Denn das »Unternehmen Barbarossa«, das Halder zur gleichen Zeit plante, war ein strategisches Hasardspiel unter verbrecherischer Missachtung der Logistik.

Rommel-Bewunderer wiederum nehmen den »Wüstenfuchs« als leuchtendes Beispiel für die Überlegenheit des deutschen Befehlsprinzips, des »Führens mit Auftrag«. Auch diese Einschätzung wird aber der Sache nicht gerecht. In Wahrheit dachte Rommel häufig nicht im Sinne der übergeordneten Führung, sondern ausschließlich in seinen eigenen Kategorien, die er aus der Lage vor Ort ableitete. So banden seine Offensivabenteuer im Frühjahr 1941 deutlich mehr Ressourcen als vom OKH und Hitler ursprünglich geplant. Rommel glaubte, sich stets besondere Freiheiten herausnehmen zu können. Seine Untergebenen hingegen kanzelte er scharf ab, sobald diese eigene Sonderrechte einforderten. Dabei wurde er häufig so aufbrausend, dass es regelrechte Führungskrisen gab, vor allem im Frühjahr 1941 vor Tobruk. Rommel ließ mehrere hohe Offiziere ablösen, da sich diese nicht an seine Befehle gehalten und versagt hätten. Das OKH kritisierte anschließend Rommel, er habe »selbst bei Berücksichtigung der dort vorliegenden besonderen Verhältnisse und der dadurch bedingten Härte in der Führung [...] nicht sachgemäß gehandelt«.

Vor Tobruk 1941 erlebte Rommel sicherlich seinen Tiefpunkt als militärischer Führer. Vorwürfe wurden laut, er habe in dieser Schlacht seine Soldaten regelrecht verheizt. Doch das wäre ein viel zu einseitiges Urteil. In vielen anderen Situationen, so vor allem beim Rückzug nach El Alamein, versuchte Rommel so viele Soldatenleben zu retten wie möglich. Hätte er treu Hitlers Befehle befolgt, wäre seine Armee sicher vernichtet worden. »Meine Soldaten tun mir in der Seele leid. An ihnen hing mein Herz«, schrieb Rommel an seine Frau, als er aus Nordafrika abberufen wurde.

Ein weiterer, häufig wiederholter, aber falscher Mythos besagt, Rommel habe sich nie um Nachschubfragen gekümmert. Im Gegenteil hatte er sich ja immer wieder bei Kesselring, dem OKH, dem italienischen Generalstab und dem Führerhauptquartier über die schlechte Nachschubsituation seiner Panzerarmee beschwert. Von oben allerdings war kaum Abhilfe zu erwarten, weshalb ihm häufig nur zwei Möglichkeiten blieben: nichts zu tun und regelrecht zu verhungern – oder die Initiative zu ergreifen und auf die Eroberung von gegnerischen Depots zu setzen. Kritiker wenden aber gerade deswegen ein, Rommel habe seine Unternehmen häufig schlecht geplant und ausgeführt.

Ganz gleich, wie man über Rommels Verständnis in Nachschubfragen urteilt, eines wird man ihm nicht abstreiten können: Er hatte einen »Riecher« für die militärische Lage. Instinktiv erkannte er die Schwächen des Gegners, hatte also den berühmten *coup d'œil* (frz. ›Blick, Durchblick‹), wie es einer seiner Offiziere einmal voller Bewunderung ausdrückte. Rommel schlug auch nur selten blindlings drauflos, sondern stützte sich in seinen Entschlüssen auf die Ergebnisse der Aufklärung. Das führt uns zu einem weiteren wichtigen Punkt: Für die militärischen Erfolge war nicht Rommel allein verantwortlich, sondern stets auch sein militärisches Umfeld, allen voran sein Stab. Gerade Letzterem gehörten mit Männern wie Alfred Gause, Siegfried Westphal, Fritz Bayerlein oder Friedrich Wilhelm von Mellenthin führende Spezialisten an. Zusammen gelang es ihnen, aus dem ursprünglichen Nebenkriegsschauplatz Nordafrika einen Kriegsschauplatz mit strategischer Bedeutung zu machen.

Rommel assoziiert man bis heute gern mit dem »Blitzkrieg«-Konzept, was erneut die Langlebigkeit der NS-Propaganda belegt. Denn der »Vater« des »Blitzfeldzugs« in Nordafrika war nicht Rommel, sondern ein ganz anderer: der britische General Richard O'Connor. Seine überraschenden und schnell geführten Panzeroperationen im Rahmen der Operation »Compass« 1940/41 nahmen zwar nur das vorweg, was Rommel später berühmt machen sollte. Dennoch ist O'Connor heute selbst in Großbritannien weitgehend vergessen.

Dort verbindet man einen anderen General mit dem Sieg in Nordafrika, nämlich Montgomery. Dieser war lange Zeit das britische Pendant zum »Mythos Rommel«, obgleich die beiden Kontrahenten in ihrem militärischen Verständnis gegensätzlicher kaum hätten sein können. Rommel war ein Improvisator, Montgomery ein Planer. Stets bereitete er seine Operationen von langer Hand und mit äußerster Akribie vor. Nichts sollte dem Zufall überlassen bleiben. Er glaubte die Unwägbarkeiten im Krieg ausschalten, eine Schlacht minutiös vorbereiten und entsprechend kontrollieren zu können. So lautete sein Erfolgsrezept für El Alamein, und tatsächlich machte ihn diese Schlacht in Großbritannien berühmt. Unverständlich war das nicht, schließlich gelang den Briten dort der erste entscheidende Sieg in diesem Krieg. Ähnlich wie Rommel war auch Montgomery ein schwieriger Charakter; er strotzte regelrecht vor Selbstbewusstsein und überwarf sich regelmäßig mit Un-

Lieutenant General Harold Alexander, Premierminister Winston Churchill und Lieutenant General Bernard Montgomery (v. l. n. r.) im August 1942 in der ägyptischen Wüste

tergebenen wie Vorgesetzten. Besonders scharf geriet er 1943/44 mit den US-Verbündeten aneinander, namentlich mit General Eisenhower. Aber Churchill, Generalstabschef Alan Brooke und die britische Öffentlichkeit verziehen ihm alles. Montgomery war es schließlich, der dem Empire und der Army die militärische Zuversicht zurückgegeben hatte.

Auch der »Mythos Montgomery« überlebte das Kriegsende. Seine militärische Laufbahn führte ihn bis in die allerhöchsten Positionen. Mittlerweile als 1st Viscount Montgomery of Alamein in den Adelsstand gehoben und zum Field Marshal befördert, wurde er britischer Generalstabschef und zuletzt Stellvertretender Supreme Allied Commander Europe (Deputy SACEUR). Seine Streitlust verlor er dabei nicht. In seinen 1958 erschienenen Memoiren kritisierte er sowohl Eisenhower als auch seinen Vorgänger in Nordafrika, Auchinleck. Letzterer hätte sich im Sommer 1942 bis zum Nil zurückziehen wollen; nur Montgomerys Kommandoübernahme habe den Kollaps verhindert. Bereits im Krieg hatte Montgomery sich entsprechend geäußert. Kurz nachdem er den Oberbefehl über die 8. Armee übernommen hatte, nannte er »schweres Missmanagement, fehlerhafte Führung der Verbände und schlechte Stabsarbeit« als Gründe für die bisher ausgebliebenen Erfolge. Für ihn war Auchinleck derjenige, der all diese Fehler erst zugelassen hatte. Montgomery musste also zunächst seine Armee vom unheilvollen Eindruck der letzten Niederlagen befreien.

Lieutenant General Claude Auchinleck verhinderte Rommels Durchbruch nach Alexandria, doch Churchill ersetzte ihn durch Montgomery. Historiker bewerten seine Leistungen unterschiedlich.

Spätestens mit der Veröffentlichung seiner Memoiren geriet der »Mythos Montgomery« ins Wanken, denn seine militärischen Fähigkeiten aus Kriegszeiten wurden nun in der Öffentlichkeit kritisiert. Martin Blumenson, seinerzeit einer der einflussreichsten US-Militärhistoriker, nannte Montgomery den »überschätztesten General des Zweiten Weltkriegs«. Das war natürlich stark polemisch und realitätsfern. Doch auch von britischer Seite hatte man nun etwas an ihm auszusetzen; viele alte Kontrahenten griffen Montgomery in ihren Memoiren an. Ihre Hauptthese lautete, nicht Montgomery habe Rommel aufgehalten und die 8. Armee stabilisiert, sondern Auchinleck. Montgomery hingegen habe nur noch die Früchte des Erfolgs in El Alamein ernten müssen. Als der prominente britische Historiker Correlli Barnett dieselbe These in seinem Buch *The Desert Generals* (1960) vertrat, wurden die Montgomery-Gegner in ihrer Meinung wissenschaftlich bestätigt. Spätestens jedoch mit dem Ableben der letzten bedeutenden Protagonisten des Krieges in Afrika in den 1980er Jahren verlor die Auchinleck-Montgomery-Diskussion ihre erinnerungspolitische Dimension. So ist der »Mythos Montgomery« heute weitgehend verblasst, auch innerhalb der British Army.

Wie kann man heute Montgomery als Feldherrn beurteilen? Stets ging es ihm um den Erhalt der Moral unter seinen Soldaten sowie um die Vermeidung unnötiger Verluste. Auf diesen beiden Feldern hatte er zweifellos Erfolg. Wenn man die Kriegführung freilich als etwas Künstlerisches im Sinne der »Feldherrnkunst« begreift, dann war Montgomery alles andere als ein »Künstler«. Seinen Operationen fehlte schlichtweg das Intuitive, Überraschende und Unvorhersehbare. Definiert man Kriegführung aber eher in naturwissenschaftlichen und mathematischen Kategorien, so treten zweifellos Montgomerys Stärken zutage. Er machte aus den eigentlichen Schwächen der britischen Armee – ihre Schematik und Behäbigkeit – eine Tugend. Die Schlachten waren fortan bis ins kleinste Detail geplant. Vor allem mit Hilfe der Artillerie ließen sie sich scheinbar besser kontrollieren, was eine Dominanz auf dem Schlachtfeld ermöglichte. Die Deutschen versuchten mit Bewegung die Initiative zu ergreifen, die Briten mit Material und Feuerkraft – und Letztere siegten am Ende.

Rommel und Montgomery personifizieren auch einen weiteren Mythos des Krieges in Nordafrika: den scheinbar »ritterlichen« Krieg, in dem die Gegner respektvoll miteinander umgingen. War das tatsächlich so? Konnten sie das Totalitäre und Ideologische des Zweiten Weltkriegs in Nordafrika wirklich ausblenden? In der Tat lassen sich bisher wenige Kriegsverbrechen für diesen Kriegsschauplatz nachweisen, besonders im Vergleich zu anderen Fronten des Zweiten Weltkriegs. Bei Bir Hakeim 1942 sollen zwar neuseeländische Truppen deutsche Kriegsgefangene erschossen haben, wie das Kriegstagebuch des Deutschen Afrikakorps vermerkt. Das scheint aber ein Einzelfall gewesen zu sein. Denn im Allgemeinen wurden die Kriegsgefangenen von beiden Seiten ordentlich versorgt, auch wenn sich britische Veteranen häufig über die schlechte Behandlung in den italienischen Lagern beschwerten, ebenso später Deutsche und Italiener über die Zustände in den französischen Lagern. Die Wehrmacht überließ die Verwahrung der Gefangenen den Italienern, lediglich die Inder blieben in deutschem Gewahrsam. Eine Delegation des Internationalen Roten Kreuzes bezeichnete damals die deutschen Kriegsgefangenenlager in Nordafrika »als in jeder Hinsicht vorbildlich«. Auch ist von keiner Seite ein zentraler Fanatisierungs-, Hetz- oder Hassbefehl gegen den Gegner überliefert – zumindest solange Rommel das Kommando in Nordafrika innehatte.

Das änderte sich erst sehr spät, als Arnim die Heeresgruppe Afrika Anfang März 1943 übernahm. Schon nach wenigen Tagen erließ er einen zentralen Befehl, in dem er sich mit Nachdruck gegen das wandte, was bisher für diesen Kriegsschauplatz offenbar charakteristisch war – das Prinzip des »fair play«. Es sei eine völlig falsche Vorstellung vom Kriegsgegner verbreitet, behauptete Arnim. In Wahrheit seien die Engländer Kriegshetzer, die ihre Gefangenen schlecht behandelten. Offenbar glaubte der General, der Truppe ideologischen Nachhilfeunterricht erteilen zu müssen. Es ging aber noch drastischer, wie bereits einige Monate zuvor ein Bericht des eben erst nach Afrika verlegten Fallschirmjäger-Sturmregiments Koch gezeigt hatte. Darin wurden die US-Truppen zum Großteil als »übelstes Untermenschentum amerikanischer Slums« bezeichnet, »zu denen allerhöchstens noch eine Parallele bei den verkommensten Bolschewisten gefunden werden« könne. Für die Wehrmacht in Nordafrika war die Einstellung dieses einen Regiments allerdings alles andere als repräsentativ.

Dennoch zeigen diese Schlaglichter, dass der Krieg in Nordafrika durchaus radikaler hätte geführt werden können. Erinnert sei an drei gegen das Kriegsrecht verstoßende Befehle Hitlers bzw. des OKW. Erstens befahl das OKW im November 1941, sämtliche frei-französische Kriegsgefangene zu erschießen. Zweitens ordnete Hitler für die Kämpfe bei Bir Hakeim an, sämtliche »deutsche politische Flüchtlinge« in den Reihen der frei-französischen Brigade »im Kampf zu erledigen« oder nach der Gefangennahme zu ermorden; gemeint waren Personen, die vor Kriegsbeginn ins französische Exil geflüchtet waren und nun für die »Freien Franzosen« kämpften. Drittens existierte der berüchtigte »Kommandobefehl« Hitlers vom Oktober 1942, wonach gegnerische Kommandosol-

»Ein buntes Völkergemisch« nannten die Nationalsozialisten die Gefangenen der frei-französischen Brigade bei Bir Hakeim. Die Panzerarmee Afrika ignorierte radikale Befehle Hitlers zur Erschießung von Teilen dieser Gefangenen.

daten getötet werden sollten, sei es im Kampf oder nach ihrer Gefangennahme. Dabei spielte es keine Rolle, ob diese Soldaten uniformiert waren oder nicht. Kein einziger dieser drei verbrecherischen Befehle wurde allerdings in Nordafrika ausgeführt. Die Gründe sind bis heute nicht abschließend geklärt. Dass ausgerechnet Rommel dabei keine wichtige Rolle gespielt haben soll, scheint indes extrem unwahrscheinlich.

Nordafrika war auch eine Ausnahme bezüglich des größten Verbrechens der Nationalsozialisten, nämlich bei der Ermordung der jüdischen Bevölkerung. Der Holocaust reichte nicht bis Afrika. Libyen war italienisches Staatsgebiet, und das Deutsche Reich schreckte damals aus politischen Gründen davor zurück, dieses ideologische Ziel beim italienischen Verbündeten durchzusetzen. Im Sommer 1942 gab es dann zwar Pläne, den Völkermord auf Afrika und den Nahen Osten auszudehnen. Mit dem Vorstoß der Panzerarmee Afrika nach Ägypten im Sommer 1942 schien das Ziel Palästina mit seiner verhältnismäßig zahlreichen jüdischen Bevölkerung für die NS-Machthaber und ihre Schergen in greifbare Nähe zu rücken. Heinrich Himmler hatte schon eine Absprache mit dem OKW getroffen und schickte anschließend offenbar den SS-Obersturmbannführer Walther Rauff zu Sondierungen nach Tobruk. Ein kleines »Einsatzkommando Ägypten« der SS stand in Athen bereits zur Überfahrt bereit. Im September 1942 wurden die Pläne aber bereits wieder ad acta gelegt. Dies lag an der mittlerweile veränderten militärischen Lage, aber auch am Desinteresse der Wehrmacht an einem Einsatz von Rauffs Kommando. Daher gibt es keinerlei Hinweise darauf, dass Rommel von den Völkermordplänen überhaupt etwas wusste, geschweige denn sie unterstützt hätte.

Etwas anders entwickelte sich die Situation in Tunesien mit dem Eintreffen der ersten deutschen Verbände im Herbst 1942. Kesselring gab im Dezember 1942 den Befehl, »Juden zu Befestigungsarbeiten zu mobilisieren«. So kam Rauff erneut nach Nordafrika und organisierte mit seiner SS den Zwangsarbeitereinsatz. Tausende Tunesier jüdischen (aber auch muslimischen) Glaubens mussten beim Bau von Stellungen und Flugfeldern für die Wehrmacht arbeiten. Bei den winterlichen Temperaturen, der schlechten Ernährung und dem fortwährenden Beschuss im Frontgebiet war das nicht nur hart, sondern lebensgefährlich. Wie viele Menschen dabei starben, ist bis heute unklar. Diese Zwangsarbeit war aber weder Teil eines systematischen Vernichtungsprogramms, noch deportierten die Deutschen Juden aus Tunesien in die Vernichtungslager nach Osteuropa.

Ein weitgehend unbekanntes Kapitel des Kriegs in Nordafrika ist der Kampf gegen aufständische Araber im Rücken der Front. Die italienischen Kolonialherren gingen in dieser Sache – wie schon in der Vorkriegszeit – mit Härte vor. Nachdem sich Überfälle auf deutsche Kolonnen gehäuft hatten, forderte auch die Wehrmacht »schärfstes Durchgreifen«. An der Planung und der Bekämpfung dieser Aufstände waren aber keine deutschen Dienststellen beteiligt. Vielmehr kritisierten die Deutschen intern die italienische Kolonialpolitik. Da die meisten Araber bzw. Berber deutschlandfreundlich eingestellt waren, verwunderte es kaum, dass die deutsche Führung einer araber- bzw. berberfeindlichen eine judenfeindliche Politik vorgezogen hätte. Rommel hielt sich aus all diesen kolonialpolitischen Angelegenheiten des italienischen Verbündeten vollkommen heraus. Im Rückblick schrieb er aber vielsagend über die italienischen Maßnahmen gegen die aufständischen Araber: »Nichts ist ekelhafter als Partisanenkrieg.« Er riet von Repressalien gegenüber Geiseln ab, da dies nur in einer Spirale der Gewalt ende.

Auch bei den großen militärischen Rückzügen wurde immer wieder das Kriegsvölkerrecht missachtet, über das Ausmaß weiß man bis heute nur wenig. Libyen, Tunesien und Ägypten waren keine menschenleeren Gebiete. Allein die *Libia Italiana* zählte 1939 knapp 900 000 Einwohner, die fast ausschließlich in Küstennähe lebten. Durch die Kämpfe entstanden schwere Verwüstungen und somit auch beträchtlicher wirtschaftlicher Schaden. Auch zerstörten beide Seiten bei ihren Rückzügen bewusst immer wieder die Infrastruktur. Das war nach damaligem Recht in gewissem Maße zwar erlaubt, solange die Zivilbevölkerung davon nicht unmittelbar betroffen war. Es gibt aber Hinweise darauf, dass Briten und Deutsche bei ihren Rückzügen sogar Brunnen vergifteten. Mussolini befahl nach der Niederlage bei El Alamein, »mit allen Mitteln in dem geräumten Gelände systematische Zerstörungen« durchzuführen. Schon aufgrund des schnellen Rückzugs der zerschlagenen Deutsch-Italienischen Panzerarmee war das aber nicht mehr möglich.

In Zukunft werden noch einige Forschungsarbeiten notwendig sein, um die Kriegsverbrechen in Nordafrika endgültig aufzuklären. Generell

Ein stets wiederkehrendes Fotomotiv deutscher Soldaten in Nordafrika: Einheimische Araber und Berber auf einem Basar

Die Privataufnahme eines deutschen Soldaten zeigt ein zerstörtes Haus in Bengasi nach einem britischen Luftangriff. Das Ausmaß der Verwüstungen auf dem afrikanischen Kriegsschauplatz ist bisher kaum aufgearbeitet.

sind Kriegsverbrechen Teil eines jeden bewaffneten Konflikts – mal mehr, mal weniger. Unter diesem Aspekt war auch der Krieg in Nordafrika kein ›sauberer‹ Krieg. Im Vergleich zu anderen Kriegsschauplätzen im Zeitalter der Weltkriege kam es allerdings im Wüstenkrieg zu vergleichsweise wenigen Rechtsbrüchen. Dabei hätten vor allem die Interventionen Hitlers und des OKW leicht zu einer Radikalisierung führen können, doch die Umstände vor Ort, aber auch zentrale Entscheidungsträger wie Rommel verhinderten dies. Mythos und Realität waren also in Nordafrika nicht immer unvereinbar.

↗ Ein Lager mit deutschen Kriegsgefangenen bei Mateur in Tunesien. Der Verlust von Afrika war für die »Achse« eine große Niederlage, für die sich der Begriff »Tunisgrad« einbürgerte.

8 Fazit: Nordafrika – Ein Nebenkriegsschauplatz?

Seit Kriegsausbruch 1939 waren die Kirchturmglocken im Vereinigten Königreich verstummt. Als Churchill vom Sieg bei El Alamein erfuhr, soll er befohlen haben: »Läutet die Glocken!« In Wahrheit ist diese Geschichte aber nur zum Teil richtig. Churchill wartete nämlich erst noch das Ergebnis der »Operation Torch« ab, daher ertönten die Glocken im Vereinigten Königreich erstmals wieder am 15. November 1942. Das war und ist mehr als nur reine Symbolik, denn El Alamein und »Torch« sind aufs Engste miteinander verknüpft. Erst aus der gemeinsamen Betrachtung dieser beiden Operationen ergibt sich die volle historische Bedeutung der Ereignisse in Nordafrika im November 1942.

Auf dem europäisch-afrikanischen Kriegsschauplatz war El Alamein die letzte Schlacht des Empires, an der eine große Zahl von Commonwealth-Truppen teilnahm. Gleichzeitig war es auch die letzte Schlacht der Briten ohne substanzielle Hilfe durch US-Truppen. Für die Briten war also El Alamein ein militärpolitischer Wendepunkt, weg vom Em-

Britische Soldaten einer Aufklärungseinheit mit einem Bren-Gun-Carrier-Transportpanzer. Die Motorisierung der britischen Armee war einer der Gründe für ihren Erfolg.

pire und hin zu den USA. Zunächst dominierten die Briten auch dieses neue Bündnis, was sich an der Stärke ihrer Truppen in Tunesien 1943 zeigte. Nordafrika war ein wichtiger Testfall für die späteren Operationen der Alliierten in Europa. Es ging um die bekannten Lerneffekte (*lessons learnt*), mit deren Hilfe man (wo nötig) militärisch nachjustie-

ren konnte und musste. Wer unter den Militärs in Afrika keine Leistungen erbrachte, hatte seine Karriere verspielt. Das betraf vor allem Wavell, Auchinleck und Anderson bei den Briten sowie Fredendall bei den Amerikanern. Wer hingegen brillierte, konnte mit Beförderungen rechnen. So war Montgomery nach El Alamein unangreifbar, während sich bei den Amerikanern Eisenhower sowie Patton für höchste Aufgaben empfohlen hatten.

Bei einer Analyse der Gegner sticht vor allem der strategische Dilettantismus der Italiener hervor, und das, obwohl Nordafrika der Vorhof Europas und insbesondere Italiens war, in dem überdies eine beträchtliche Anzahl italienischer Siedler in der *Libia Italiana* lebte. Doch für Mussolini war das Mittelmeer zu klein. Er dachte in größeren Kategorien, Nordafrika war für ihn nur ein Kriegsschauplatz von vielen. 1940 legte er den Schwerpunkt auf den Balkan; 1941 sowie vor allem 1942 flossen viele Ressourcen in den sowjetischen Kriegsschauplatz. Wie fatal das für das faschistische Regime war, zeigte die Entwicklung der Ereignisse ab Spätsommer 1942. Die Niederlage in Nordafrika kündigte Mussolinis Ende an. Nach den alliierten Landungen im italienischen Mutterland im Sommer 1943 wurde er schließlich entmachtet. Von den Deutschen wieder befreit, durfte er für den Rest des Kriegs nur noch als Marionette in Norditalien residieren.

»Wir haben den schlechtesten Bundesgenossen, den man sich nur denken kann«, schimpfte Goebbels im Juni 1941. Die Stützung des italienischen Verbündeten war daher eines der Hauptziele der deutschen Strategie im Mittelmeer. Daneben sollte die südliche Flanke im Krieg gegen die Sowjetunion gedeckt werden. So wurde Nordafrika für Hitler bis Ende 1942 nie mehr als ein Nebenkriegsschauplatz. Ob ein massives deutsches Eingreifen im Mittelmeer Ende 1940 Großbritannien in die Knie gezwungen hätte? Wahrscheinlich nicht. Eine Eroberung der britischen Gebiete in Nordafrika und des Suezkanals wäre damals sehr gut möglich gewesen, hätte aber das britische Weltreich wohl nicht zum Einsturz gebracht.

Trotzdem band der Kriegsschauplatz beträchtliche Ressourcen, die für den Krieg in der Sowjetunion nicht zur Verfügung standen. Dies galt vor allem für die Luftwaffe. Bekanntlich forderte der sowjetische »Generalissimus« Josef Stalin von den Westmächten immer wieder die Bildung einer »zweiten Front«, die seine Rote Armee entlasten sollte. Eigentlich gab es diese »zweite Front« bereits seit 1941 in Nordafrika, und spätestens im Herbst 1942 wurde sie mit dem Brückenkopf in Tunis harte Realität. Zu diesem Zeitpunkt standen bereits mehr Verbände der deutschen Luftwaffe im Kampf gegen die Westalliierten als an der Ostfront.

Kurz nach El Alamein formulierte Churchill eine bemerkenswerte Analyse der Schlacht: »Nun ist das nicht das Ende. Es ist noch nicht ein-

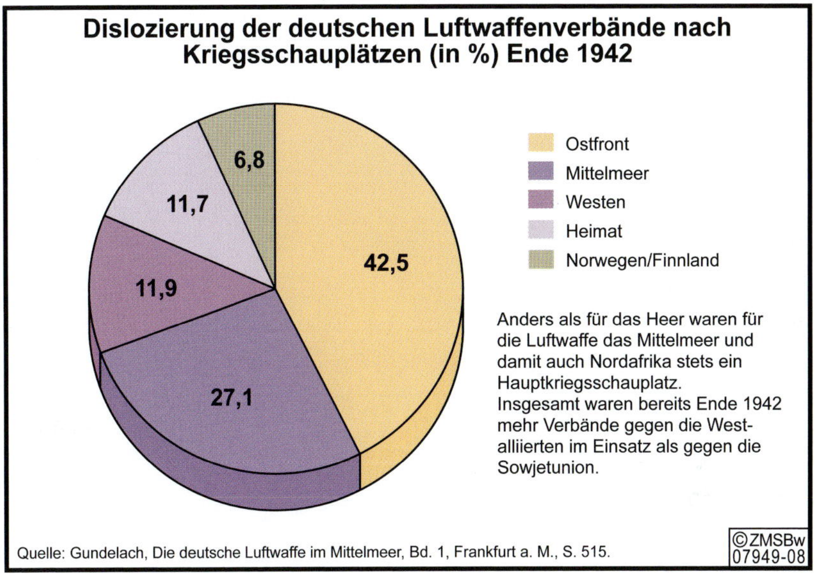

mal der Anfang vom Ende. Aber es ist vielleicht das Ende des Anfangs.« Diese Aussage lässt sich freilich in vielerlei Hinsicht interpretieren. In der Rückschau ist dabei ein rein militärischer Aspekt von Bedeutung: Der Mythos von der Unbesiegbarkeit der Wehrmacht war nun auch für ihre westlichen Gegner endgültig dahin. Die Briten hatten dieser Schlacht ihren eigenen Stempel aufgedrückt. Artillerie und Luftwaffe sollten im restlichen Krieg die entscheidenden Waffensysteme der britischen Militärdoktrin sein. Aus den vorherigen Niederlagen in Nordafrika hatten sie gelernt, nicht die deutsche Kriegführung zu kopieren, sondern eigene Lösungsansätze und einen eigenen »British Way of War« zu entwickeln. In gewisser Weise mag man die feuerintensive Art der Kriegführung auch als Rückschritt begreifen. Nicht nur General Thoma fühlte sich im Trommelfeuer in El Alamein an den Ersten Weltkrieg erinnert. Die Briten errangen ihren Erfolg in Nordafrika durch Materialschlachten, nicht durch die scheinbar modernere Bewegungsschlacht. Schnelle Entscheidungen waren damit freilich nicht möglich, weshalb El Alamein auch keine wirkliche Entscheidungsschlacht war. Es dauerte nämlich noch ein halbes Jahr, bis die »Achse« in Nordafrika kapitulierte.

Ein deutscher Soldatenfriedhof in der Nähe von Tunis. Der Krieg in Nordafrika kostete insgesamt über 85 000 Soldaten das Leben, etwa 20 000 davon waren Deutsche.

Die Wehrmacht hingegen konnte mit ihren Konzepten aus den ersten Kriegsjahren nicht mehr gewinnen. Gewiss, auch in der zweiten Kriegshälfte erzielte sie beachtliche Erfolge, diesmal in der Defensive. Doch warum konnte sie seit Herbst 1942 an keiner Front mehr im Angriff siegen? Die Beantwortung dieser Frage allein würde leicht ein ganzes Buch füllen. Zweifellos ließen die Länge des Krieges und die hohen Verluste den ursprünglichen Ausbildungsvorsprung immer mehr schmelzen. Auch stellte sich der Gegner immer besser auf die deutsche Doktrin ein. Das scheinbar Unberechenbare wurde nun zu einem gewissen Grad berechenbar. Hinzu kam, dass die Wehrmacht die militärischen Faktoren für ihre Niederlage in Nordafrika nicht tiefergehend analysierte. Vielmehr glaubte sie nach wie vor an ihre eigene militärische Dominanz und schob die Niederlage weitgehend auf die Italiener sowie auf die erdrückende Überlegenheit der Alliierten an Mensch und Material. Vor allem das letzte Argument war natürlich nicht falsch. Die Deutschen kämpften während des gesamten Kriegs in Nordafrika stets in der Unterzahl und konnten dem Gegner trotzdem beträchtliche Verluste beibringen. Es war also zweifellos richtig, die Niederlage im Wüstenkrieg auch, oder sogar vor allem, mit der alliierten Materialüberlegenheit zu begründen. Gleichzeitig ist dieses Argument allein zu einseitig und damit letzten Endes irreführend. Denn die Deutschen übersahen, dass es die Alliierten im Laufe des Krieges immer besser verstanden, diese materielle Überlegenheit auf dem Schlachtfeld auch wirkungsvoll umzusetzen. Der Sieg in Nordafrika gab den Alliierten Selbstbewusstsein und die dringend benötigte Kampferfahrung. Das wollte die Wehrmacht nicht so recht wahrhaben. Besonders abfällig urteilte sie über die Kompetenz der Amerikaner. Nach dem Ende der Kämpfe in Tunesien beurteilte die Abteilung Fremde Heere West im OKH den Kampfwert der US-Truppen wie folgt: »Die betont materialistische Lebensauffassung weiter Kreise des amerikanischen Volkes spiegelt sich in der kämpferischen Haltung des amerikanischen Soldaten wider [...]. Einem harten Kampf und Krisen im Gefecht gegenüber war der Amerikaner nicht gewachsen.« Der gleiche Bericht betonte aber auch, dass dies der erste Einsatz gewesen sei und die Amerikaner »allgemein gewandt in der Auswertung von Erfahrungen« seien. Und noch einer warnte: Rommel, denn er bewunderte die flexible Kampfführung der Amerikaner in ihren ersten Einsätzen am Kasserin-Pass. Mit dieser Sicht aber blieb Rommel – wie so oft – in der Generalität eher ein Außenseiter.

Kommen wir zur Abschlussfrage dieses Buchs: War El Alamein ein oder gar *der* Wendepunkt des Zweiten Weltkriegs? Montgomery sparte nicht mit Superlativen in seinem Tagesbefehl am Vorabend der Schlacht: »Die Schlacht, die uns nun bevorsteht, wird eine der entscheidenden der Geschichte sein.« Rückblickend schrieb Churchill in seinen Memoiren, man könne fast schon sagen: »Vor Alamein erlebten wir nie einen Sieg. Nach Alamein erlebten wir nie eine Niederlage.« Lange Zeit galt daher die Schlacht von El Alamein in Großbritannien als ein großer

Wendepunkt des Kriegs. Was aus rein britischer Sicht wohl stimmte, traf allerdings für den Zweiten Weltkrieg allgemein nicht zu. Darin waren und sind sich die Historiker einig, standen doch im Herbst 1942 in Nordafrika gerade einmal vier deutsche Divisionen.

Aber es greift auch zu kurz, diese Schlacht einfach abzutun. Bei El Alamein entschied sich zwar gewiss nicht das Schicksal des Deutschen Reiches. Doch darf man diese Schlacht nicht isoliert sehen, sondern muss sie in größere Zusammenhänge einbetten: in den gesamten Krieg in Nordafrika und im Mittelmeer. Die Folgen der deutsch-italienischen Niederlage von El Alamein zeigten sich nämlich nicht am 4. November 1942 mit dem Durchbruch der 8. Armee, sondern erst am 13. Mai 1943, als die Heeresgruppe Afrika in Tunis kapitulierte. Nordafrika kostete die Deutschen riesige Ressourcen, die in der Sowjetunion fehlten. Am Ende herrschten die Alliierten über das Mittelmeer, ihre Schiffkonvois mussten sie nicht mehr um ganz Afrika leiten, und der Angriff auf die »Festung Europa« konnte beginnen. Das waren allesamt keineswegs zweitrangige Faktoren für den weiteren Fortgang sowie den Ausgang des gesamten Kriegs in Europa. Nordafrika war somit ein bis heute häufig verkannter Hauptschauplatz des Zweiten Weltkriegs.

Anhang

Danksagung

Wie immer sind an der Entstehung eines Buchs viele Leute beteiligt. Die Danksagung ist mir daher eine große Ehre und Freude zugleich. Allen voran möchte ich meinen Abteilungsleiter Frank Hagemann nennen. Mit ihm habe ich die neue Reihe »Kriege der Moderne« konzipiert, und ich weiß mich sehr glücklich, einen so fordernden und fördernden Vorgesetzten zu haben. Er hat das Manuskript dieses Buchs gründlich gelesen und zahlreiche Hinweise gegeben. Meine Projektbereichsleiter Oliver Krauß und Heiner Bröckermann haben mir die notwendigen akademischen Freiheiten gelassen und das Projekt mit Rat und Tat begleitet. Michael Epkenhans hat als Leitender Wissenschaftler des ZMSBw das Vorhaben überhaupt erst ermöglicht und meinen Text gründlich durchleuchtet.

Kritik und Lob für das Manuskript lieferten Klaus Schmider (Sandhurst), Christian Hartmann (München) und Matteo Scianna (Potsdam). Vor allem aber hat mein Kollege und Freund Thomas Vogel die Studie begleitet und die Ergebnisse mit mir diskutiert, wenn es hieß: »Tea time!«

Ein besonderer Dank gilt Christian Adam. Er ist nicht nur einer der »Väter« dieser Reihe, sondern er hat mit seinem Fachbereich Publikationen am ZMSBw die Entstehung dieses Buchs maßgeblich unterstützt. Den Lektoren Michael Thomae und Aleksandar-S. Vuletić sei für das Lektorat gedankt; Bernd Nogli, Daniela Heinicke, Frank Schemmerling und Yvonn Mechtel für die hochwertigen Karten und Grafiken; Esther Geiger für die Suche und Kommentierung von Bildern, die Seitengestaltung sowie die Koordination mit dem Verlag.

Das Wichtigste in meinem Leben ist meine Familie. Meine Frau Tina Lamprecht-Lieb sowie meine Kinder Magdalena, Franziska und Xaver sind mir Stütze sowie Kraft- und Lebensquell. Hinzu kommen meine Eltern Luise und Helmut Lieb. Leider hat meine Mutter das Erscheinen dieses Buchs nicht mehr erlebt. Auch wenn sie aufgrund ihrer persönlichen Erfahrungen als Kriegskind meiner wissenschaftlichen Leidenschaft für den Zweiten Weltkrieg stets nur wenig abgewinnen konnte, möchte ich ihr dieses Buch in Liebe widmen.

Zeittafel

1940

10. Juni	Kriegserklärung Italiens an Großbritannien und Frankreich
13.–16. September	Feldzug der italienischen 10. Armee in Ägypten; Besetzung von Sollum und Sidi Barani
9. Dezember	Beginn einer Großoffensive der britischen Western Desert Force gegen die italienische 10. Armee (»Operation Compass«)

1941

Anfang Februar	Ende der »Operation Compass«; Zerschlagung der italienischen 10. Armee und britische Eroberung der Cyrenaika
12. Februar	Ankunft von Erwin Rommel in Tripolis; Aufstellung des Deutschen Afrikakorps
31. März – 1. Mai	Rommels erste Offensive; Wiedergewinnung der Cyrenaika mit Ausnahme Tobruks
Mai/Juni	Scheitern zweier britischer Offensiven zum Entsatz von Tobruk (»Operation Brevity« und »Operation Battleaxe«)
22. Juni	Angriff des Deutschen Reichs auf die Sowjetunion (»Unternehmen Barbarossa«)
18. November	Beginn einer Großoffensive der britischen Armee (»Operation Crusader«)

1942

Anfang Januar	Ende der »Operation Crusader«; Entsatz von Tobruk und britische Eroberung der Cyrenaika
21. Januar – 6. Februar	Überraschende Gegenoffensive Rommels; Wiedergewinnung der Cyrenaika

26. Mai	Beginn einer Großoffensive der Panzerarmee Afrika bei Gazala (»Unternehmen Theseus«)
11. Juni	Einnahme von Bir Hakeim nach erbittertem Widerstand der »Freien Franzosen«
21. Juni	Einnahme von Tobruk; knapp 35 000 Soldaten aus dem Commonwealth gehen in Gefangenschaft
1.–27. Juli	1. Schlacht von El Alamein: Rommels Durchbruch scheitert, die Gegenangriffe der britischen 8. Armee ebenso
13. August	Bernard Montgomery übernimmt von Claude Auchinleck die Führung der britischen 8. Armee
30. August – 6. September	2. Schlacht von El Alamein (auch: Schlacht von Alam Halfa): Rommels letzte Offensive in Ägypten scheitert
23. Oktober – 1. November	3. Schlacht von El Alamein: erste Phase (»Operation Lightfoot«); Einbruch der 8. Armee in die Stellungen der Deutsch-Italienischen Panzerarmee
2.–4. November	3. Schlacht von El Alamein: zweite Phase (»Operation Supercharge«); Durchbruch der 8. Armee; Rommel ignoriert einen Haltebefehl Hitlers; Rückzug der Deutsch-Italienischen Panzerarmee
8. November	Landung der Alliierten in Marokko und Algerien (»Operation Torch«); in der Folge deutsche Besetzung Südfrankreichs und Tunesiens; der alliierte Vormarsch von Westen kommt in den Bergen Tunesiens zum Halten

1943

23. Januar	Britische Einnahme von Tripolis; Ende der italienischen Herrschaft in Libyen
14.–22. Februar	Letzte gescheiterte Offensive Rommels am Kasserin-Pass
9. März	Rommel verlässt Nordafrika
20.–29. März	Durchbruch der britischen 8. Armee an der Mareth-

	Stellung (»Operation Pugilist« und »Operation Supercharge II«)
13. Mai	Kapitulation der Heeresgruppe Afrika unter Hans-Jürgen von Arnim in Tunis
9. Juli	Beginn der alliierten Landung auf Sizilien (»Operation Husky«)

Generallegende für taktische Zeichen

Größenordnungszeichen

XXXXX	Heeresgruppe
XXXX	Armee/Panzergruppe
XXX	(Armee-)Korps
XX	Division
X	Brigade

Abkürzungen

Austr.	Australisch
DAK	Deutsches Afrikakorps
Frei-Franz.	Frei-Französisch
Ind.	Indisch
le.	leicht
mot.	motorisiert
Neu.	Neuseeländisch
Pz.	Panzer-
Südafr.	Südafrikanisch

Taktische Zeichen - Verbände/Einheiten

Infanterie — motorisierte Infanterie — Panzer — Fallschirmjäger

Taktische Zeichen - Nationalitäten

Briten/Commonwealth — Franzosen — US-Amerikaner — Deutsche — Italiener

XXXX Afrika — Bei der Panzerarmee Afrika handelte es sich um einen gemischten deutsch-italienischen Großverband, dessen Stab allerdings ausschließlich mit deutschem Personal besetzt war. Daher wird die Panzerarmee Afrika in blauer Farbe dargestellt (gilt auch für die Heeresgruppe Afrika).

Anmerkung

Um operationsgeschichtliche Abläufe und organisatorische Gliederungen möglichst verständlich und übersichtlich abzubilden, wurden alle Karten in diesem Band an die weithin geläufigen taktischen Zeichen der Bundeswehr (außer Kraft gesetzte Zentrale Dienstvorschrift 1/11) angelehnt.

Literaturhinweise

Ball, Simon: Alamein. Oxford 2016.
Barr, Niall: Pendulum of War. The Three Battles of El Alamein. London u. a. 2004.
Battistelli, Pier Paolo: El Alamein 1942. Stroud 2011.
Caddick-Adams, Peter: Monty and Rommel. Parallel Lives. London 2011.
Ford, Ken: El Alamein 1942. The Turning of the Tide. Oxford 2005.
– The Mareth Line 1943. The End in Africa. Oxford 2012.
Haus der Geschichte Baden-Württemberg (Hrsg.): Mythos Rommel. Katalog zur Sonderausstellung. 18. Dezember 2008 bis 30. August 2009. Stuttgart 2008.
Knox, MacGregor: Hitler's Italian Allies. Royal Armed Forces, Fascist Regime, and the War 1940–1943. Cambridge u. a. 2000.
Kitchen, Martin: Rommel's Desert War. Waging World War II in North Africa, 1941–1943. Cambridge u. a. 2009.
Lieb, Peter: Erwin Rommel: Widerstandskämpfer oder Nationalsozialist? In: Vierteljahrshefte für Zeitgeschichte 61 (2013). S. 321–361.
Remy, Maurice Philip: Mythos Rommel. München 2004.
Reuth, Ralf-Georg: Rommel. Das Ende einer Legende. München u. a. 2004.
Rommel, Lucie-Maria / Bayerlein, Fritz (Hrsg.): Erwin Rommel. Krieg ohne Haß. Heidenheim/Brenz 1950.
Showalter, Dennis: Patton and Rommel. Men of War in the Twentieth Century. New York 2005.
Stegmann, Bernd: Die Italienisch-Deutsche Kriegführung im Mittelmeer und in Afrika. In: Das Deutsche Reich und der Zweite Weltkrieg. Bd. 3. Hrsg. vom Militärgeschichtlichen Forschungsamt. Stuttgart 1984. S. 589–682.
Stumpf, Reinhard: Der Krieg im Mittelmeerraum 1942/43: Die Operationen in Nordafrika und im Mittleren Mittelmeer. In: Militärgeschichtliches Forschungsamt (Hrsg.): Das Deutsche Reich und der Zweite Weltkrieg. Bd. 6. Stuttgart 1990. S. 567–757.
von Taysen, Adalbert: Tobruk 1941. Der Kampf in Nordafrika. Freiburg 1976.
Zaloga, Steven J.: Kasserine Pass 1943. Rommel's Last Victory. Oxford 2005.

Abbildungsnachweis

akg-images: 7 Fototeca Gilardi, 63, 116

Bundesarchiv: 19 Bild 101I-782-0009-01A Moosmüller, 40 Bild 101I-784-0209-15 Moosmüller, 42 Bild 101I-783-0104-09 Moosmüller, 69 Bild 101I-782-0049-21 Erich Borchert, 75 Bild 101I-786-0307-12 Moosmüller, 111 Bild 101I-788-0017-02 Dullin, 119 Bild 101I-787-0502-34 A. Hurtmanns, 122 Bild 183-B23368 Heidelauf, 137 Bild 101I-443-1572-26 Ernst A. Zwilling

Deutsches Historisches Museum, Berlin: 11 A. Psille (mit freundlicher Genehmigung von Christa Dietzel)

Haus der Geschichte Baden-Württemberg, Nachlass Rommel: 59

Imperial War Museum, London: 24 T 2618, 41 E 2598E, 49 TR 1024, 51 E 2502, 61 E 13016, 62 E 16270, 79 E 1549, 97 E 18982, 103 E 18470, 104 E 18511, 106 E 18971, 118 TR 978, 123 NA 2562, 142/143 TR 631, 146 NA 2551

picture alliance: 9 Everett Collection, 31 CPA Media Co. Ltd, 53 Everett Collection, 115 Everett Collection, 125, 127 ZB, 133 ASSOCIATED PRESS, 141 Everett Collection

Süddeutsche Zeitung Photo: 34 Rue des Archives / FIA

Süddeutsche Zeitung Photo / Scherl: 37, 44, 89, 92, 100, 134

ullstein bild: 13, 20, 29 Pictures from History, 32 Roger-Viollet, 46 Sobotta, 50 TopFoto, 55 LEONE, 65 Wolff & Tritschler, 67 Spring Collection, 78 TopFoto, 82 Süddeutsche Zeitung Photo / Scherl, 85, 87, 101 Atlantic-Press, 108/109 mirrorpix, 121 Spring Collection, 129

Wehrgeschichtliches Museum Rastatt, Sammlung Fehling: 15, 139, 140

Personenregister